La Guía Increíblemente Fácil para Galaxy Tab S

CÓMO USAR LOS TABLETS S8, S7, S6, A8 Y A7

Scott La Counte

ANAHEIM, CALIFORNIA

www.RidiculouslySimpleBooks.com

Derechos de autor © 2022 por Scott La Counte.

Reservados todos los derechos. Ninguna parte de esta publicación puede ser reproducida, distribuida o transmitida en forma alguna ni por ningún medio, incluidos el fotocopiado, la grabación u otros métodos electrónicos o mecánicos, sin el permiso previo por escrito del editor, salvo en el caso de citas breves incluidas en reseñas críticas y otros usos no comerciales permitidos por la legislación sobre derechos de autor.

Responsabilidad limitada / Renuncia de garantía. Aunque se ha hecho todo lo posible para preparar este libro, el autor y los editores no ofrecen garantías de ningún tipo ni asumen responsabilidades de ningún tipo con respecto a la exactitud o integridad del contenido y, específicamente, ni el autor ni los editores serán considerados responsables ante ninguna persona o entidad con respecto a cualquier pérdida o daños incidentales o consecuentes causados o supuestamente causados, directa o indirectamente, sin limitaciones, por la información o los programas aquí contenidos. Además, los lectores deben ser conscientes de que los sitios de Internet que figuran en esta obra pueden haber cambiado o desaparecido. Esta obra se vende en el entendimiento de que los consejos que contiene pueden no ser adecuados en todas las situaciones.

Marcas comerciales. El uso de marcas registradas en este libro no implica ninguna aprobación ni afiliación con el mismo. Todas las marcas comerciales (incluidas, entre otras, las capturas de pantalla) utilizadas en este libro lo son únicamente con fines editoriales y educativos.

Descargo de responsabilidad: Tenga en cuenta que, aunque se ha hecho todo lo posible para garantizar la precisión, este libro no está avalado por Samsung, Inc. y debe considerarse no oficial.

Índice

Introducción 8

Empieza aquí 11
   Qué diferencia hace una tableta 11
   Configuración 15

El resumen ridículamente sencillo 28
   Cómo orientarse 28
   Barra de notificaciones 31
   Desplazarse rápidamente 39
      Multitarea 42
      Zoom 44
      Gire 44
   Barra de borde 45

Personalizar la tableta 49
   Pantallas bonitas 49
      Añadir accesos directos 50
      Widgets 50
      Papel pintado 54
   Samsung Gratis 55
   Añadir pantallas 57
   Ajustes de la pantalla de inicio 58
   Unas palabras sobre los menús 60
   Pantallas divididas 60

Lo Básico... y Mantenlo Ridículamente Simple 63
   Contactos 64
      Editar un contacto 69

Compartir un contacto 70
Borrar contacto 71
Organízate 72
Borrar grupo 74

Hacer llamadas 74
Contestar y rechazar llamadas 76
Ajustes del teléfono 76
Juega a Angry Birds mientras hablas con Angry Mom . 78

Mensajes 78
Crear / Enviar un mensaje 79
Ver mensaje 88

¿Dónde hay una aplicación para eso? 88
Eliminar aplicación 90

Cómo llegar en coche 91

Subtítulos en directo 98

Compartir Wi-Fi 100

Modo DeX de Samsung 101
Modo DeX de Samsung sin monitor 107

Samsung Niños 110

Vamos a hacer surf 121
Añadir una cuenta de correo electrónico 121
Crear y enviar un correo electrónico 123
Gestionar varias cuentas de correo electrónico 123
Navegar por Internet 123

¡Snap It! 129
Conceptos básicos 129
Modos de cámara 132
Edición de fotos 136

Edición de vídeos 149

Organizar tus fotos y vídeos................................. 153

Bitmoji.. 158

Ir más allá 162

Conexiones 164

Sonidos y vibraciones.. 165

Notificaciones 166

Mostrar 167

Papel pintado / Temas 168

Pantalla de bloqueo 169

Biometría y seguridad 170

Privacidad.. 171

Ubicación... 172

Cuentas y copias de seguridad 172

Google.. 173

AdvanceD Características.. 174

Bienestar digital y control parental.......................... 176

Cuidado de dispositivos.. 177

Aplicaciones 178

Dirección General 179

Accesibilidad 180

Actualización de software... 181

Consejos y ayuda... 181

Acerca de la tableta 182

Índice 184
Sobre el autor 186

Introducción

Cuando la mayoría de la gente piensa en una tableta, lo primero que le viene a la cabeza es el iPad. Puede que el iPad haya cambiado la forma en que la gente piensa en las tabletas, pero no es la única tableta de la ciudad. Hay innumerables tabletas Android, pero hay una que podría decirse que las supera a todas: la Samsung Galaxy Tab S.

La Tab S es una potencia capaz de superar a muchos ordenadores portátiles. Y con Samsung DeX, la tableta puede incluso convertirse en una experiencia similar a la de un ordenador de sobremesa.

Si eres nuevo en el Tab S, hay mucho que descubrir y esta guía te guiará por todos los aspectos básicos del sistema operativo que necesitas conocer. Está basada en la última versión del Tab S -el Tab S 8- pero aparte de las características de hardware, los Tab S 7 y 6 son casi idénticos, así que no tendrás problemas si tienes un tablet más barato. Casi todo en esta guía también se aplica a la serie A (la línea económica de tabletas).

Va a cubrir sólo lo que la mayoría de la gente quiere saber, así que si estás buscando algo muy técnico que te enseñe cómo configurar redes virtuales privadas, entonces sigue buscando. Pero si quieres algo que te enseñe todo tipo de trucos interesantes y te ayude a empezar, entonces este libro es para ti.

Aprenderás sobre:
- Configuración de la tableta
- Cómo usar Samsung DeX para convertir tu tablet en una experiencia similar a la de un ordenador de sobremesa
- Instalación de aplicaciones y widgets
- Conexión a Wi-Fi
- Cambio de temas y papel tapiz
- Uso de gestos
- Uso de la cámara
- Navegar por Internet
- Cambiar la configuración del sistema
- Uso del modo Samsung Kids modo
- Y mucho más.

[1]
Comience aquí

Este capítulo tratará:
- Tabletas diferentes
- Configurar

QUÉ DIFERENCIA UNA TABLETA

Cuando se trata de Android hay muchas tabletas, cientos de ellas. Samsung, sin embargo, facilita un poco las cosas a los consumidores al tener sólo dos opciones principales. La serie Tab S y la serie Tab A. Normalmente lanzan un modelo de cada serie cada año. En 2022, los modelos eran la Tab A8 (con pantallas de 8,4 y 10,4 pulgadas) y la Tab S8 (más la S8+ y la S8 Ultra, que es el mismo modelo pero con pantalla más grande).

Samsung fabrica sus tabletas con el sistema operativo Android (la última versión en el momento de escribir este artículo es Android 10), pero ponen una interfaz de usuario única en la parte superior de la misma (se llama One UI, y en el momento de escribir esto, las tabletas tienen One UI 2).

¿Cuál es la diferencia entre las series A y S? La serie A es de gama baja e ideal para navegadores web ocasionales; la serie S es para años más profesionales que necesitan más potencia. El cuerpo de las tabletas es bastante similar -aunque el S8 tiene una pantalla ligeramente más de borde a borde-; es en el interior donde realmente se empieza a ver la diferencia. El S8 es más rápido, tiende a tener mejor duración de batería, tiene mejor cámara, más RAM, mejor resolución de pantalla y mayor memoria interna. El S8 es también varias veces el doble del precio de las tabletas de la serie A.

Las tabletas de la serie A no tienen nada de malo. Puede que no tengan la misma potencia, pero aun así pueden hacer mucho. Si todo lo que quieres hacer es usar la tableta en el sofá para leer un libro o una revista, o navegar por Facebook, entonces es perfecta para ti; si planeas instalar aplicaciones grandes y que consuman mucha memoria, entonces la serie S probablemente sea mejor para ti.

Si buscas un modelo de gama alta, puede que te abrumen todas las opciones. Sí, está el lujoso S8, el mejor y más nuevo, pero también hay varios modelos del S7 y un S6 Lite más asequible.

¿Realmente necesitas lo último y lo mejor? ¿O el S6 Lite es perfecto para ti? Comparemos...

Cuando pones los dos modelos base uno al lado del otro, son casi idénticos. El S8 es media pulgada más grande; el S8+ y el Ultra son ligeramente más grandes, así que si buscas un tablet grande, el más caro sería la mejor opción. La resolución del S8 es más notable-274 PPI frente a los 224 PPI del S6 Lite; ¿qué significa eso? Si eres artista, posiblemente mucho; si estás viendo películas en HD, entonces puede que no lo notes.

El procesador del S8 no es sorprendentemente más rápido que el del S6 Lite, al igual que la memoria RAM (8 GB de memoria frente a los 4 GB del Lite), pero, de nuevo, dependiendo del uso que le des a la tableta, eso podría no ser un problema. Si quieres jugar a juegos casuales, ver películas y hacer aplicaciones más ligeras, entonces la Lite será perfecta; si estás haciendo algo como edición de vídeo, entonces esa memoria y velocidad extra te vendrán muy bien. El almacenamiento interno en el Lite es de 64 GB; el S8 comienza en 128 GB; si almacenas cosas en la nube, entonces esa diferencia podría no ser un gran problema para ti. La batería del S8 es un poco mejor y admite carga rápida.

Personalmente, nunca me ha gustado fotografiar en una tableta; prefiero usar un teléfono. Pero puede que ese no seas tú. Si te apasiona la fotografía en tableta, entonces el S8 tiene una lente de 13 MP con cámara dual (la Lite es de 8 MP); en la parte frontal, la Lite tiene 5 MP y el S8 tiene 12 MP;

si haces muchas videoconferencias en la tableta, esa mejor lente frontal puede ser importante. Por último, el S8 graba en 4K (30 fps), mientras que el Lite solo lo hace en Full HD (30 fps), pero debo señalar que los vídeos en 4K ocupan mucho espacio, por lo que grabarlos en una tableta puede no ser la mejor idea.

CONFIGURAR

La configuración es bastante intuitiva, pero todavía hay pantallas que pueden confundirte un poco. Si eres una persona emprendedora y te gusta probar las cosas, pasa a la siguiente sección (Cómo orientarse) sobre los principales elementos de la interfaz de usuario de Samsung. Si quieres una guía más detallada, ¡sigue leyendo!

Samsung sabe que quieres empezar a usar tu tableta, así que ha hecho que el proceso sea bastante rápido; la mayoría de la gente empleará unos 10 o 15 minutos.

Lo primero que verás es la pantalla "¡Vamos!". También hay una opción de accesibilidad, que te permitirá activar los controles adaptativos si tienes problemas de visión o audición. Cuando estés listo para empezar, toca el botón de la flecha azul.

Lo siguiente son las condiciones. Tienes que aceptarlas antes de continuar. Hay muchas, así que asegúrate de dedicar unas horas al día a leerlas todas... o haz como el 99,9999% de la gente, márcalas todas y toca Siguiente.

Una vez que pases por todos los términos, entonces te preguntará por tu wi-fi. Verás que en la parte inferior hay una flecha para volver atrás y otra para saltar. Estas opciones estarán en casi todas las pantallas de configuración. Atrás te lleva al paso anterior. Saltar te lleva a la siguiente área de configuración. Si la omites, Samsung no podrá comprobar si hay actualizaciones (lo más probable es que las haya), así que si quieres que tu tableta funcione lo mejor posible, te recomiendo que no la omitas.

Una vez que encuentres tu wi-fi, verás una pantalla que dice que está buscando actualizaciones. Puede tardar unos minutos, así que ten paciencia.

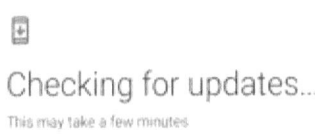

Después de las actualizaciones, es hora de iniciar sesión en tu cuenta de Google. ¿No tienes una? Es gratis, sólo tienes que pulsar la opción Crear cuenta. Puedes saltarte este paso, pero de

nuevo, no te lo recomiendo. Va a hacer dos cosas importantes:
1. Si tienes Gmail, podrás consultarlo en tu tableta configurando tu cuenta (así como las aplicaciones de Google, como Google Drive, Google Docs, etc.).
2. Probablemente querrás instalar apps. Para instalar aplicaciones, necesitas Google Play Store y una cuenta de Google.

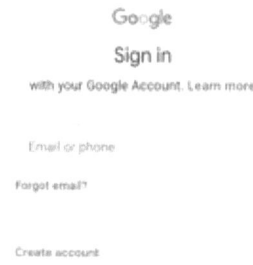

Si te saltas alguno de estos pasos, podrás añadirlos más adelante, así que si no estás seguro, no te sientas presionado.

Si añades tu cuenta de Google, ¿adivina qué? ¡Aún más condiciones!

El siguiente paso es restaurar desde una copia de seguridad. Si tienes otra tableta o dispositivo Android con la misma cuenta de Google, entonces puede que lo veas aquí. Si nunca has tenido nada Android, entonces no hay nada que restaurar. Si eliges restaurar, entonces pondrá los mismos ajustes, aplicaciones y contactos en tu dispositivo. Probablemente no será una imagen especular de ese dispositivo, pero notarás muchas similitudes.

Choose a backup to restore

SM-
11 hours ago, 6:01 AM

Don't restore

La siguiente opción es restaurar desde los Servicios de Google; aunque no accedas a ellos con frecuencia, lo más probable es que los hayas utilizado antes o que alguien haya compartido contenido desde ellos.

Samsung tiene muchas opciones para proteger tu tableta. A diferencia de muchos teléfonos, no hay sensor de huellas dactilares, pero hay muchas otras opciones como el reconocimiento facial, el patrón (es decir, deslizar el dedo de una forma determinada para desbloquear la tableta), el número PIN o la contraseña.

En caso de que no estés seguro de lo que esto significa, cada vez que abras tu tableta, si eliges la protección, se bloqueará; nadie podrá abrir tu tableta sin la protección que elijas. Puede que esto no sea gran cosa, pero aun así te lo recomiendo: si alguna vez te dejas por error la tableta en algún sitio, te aseguras de que nadie pueda acceder a información confidencial.

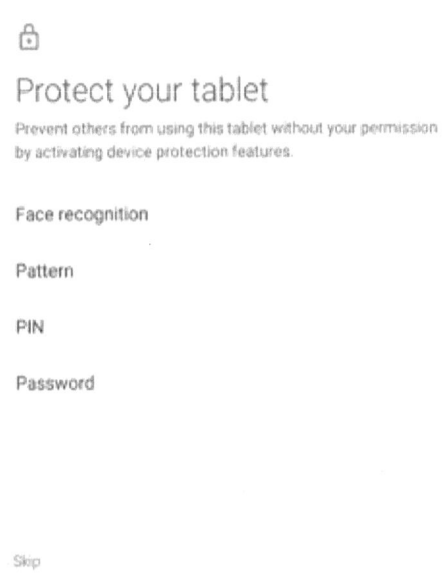

La protección más segura es el reconocimiento facial. Eso significa que cuando quieras desbloquear tu tableta, solo tienes que acercarla a tu cara bonita y se abrirá.

También tendrás que establecer otra contraseña. Así, si alguna vez estás en un lugar donde no puedes usar tu cara (la iluminación es demasiado mala, por ejemplo), podrás seguir accediendo a tu tableta.

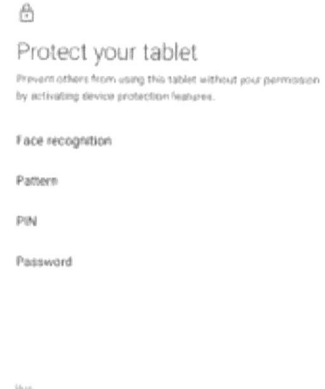

En caso de que estés ahí sentado diciendo "Pero, ¿y si llevo gafas?", ¡éste es el siguiente paso! Si llevas gafas, asegúrate de ponértelas.

Si quieres transferir contenido de tu antiguo dispositivo, como fotos, ese es el siguiente paso. ¿Y si se trata de un dispositivo que no es Android (por ejemplo, el iPad)? No importa. Aunque sea un iPad, puedes hacerlo.

¿Te encantan todas esas pantallas de inicio de sesión y páginas y páginas de términos y condiciones legales? Pues muy bien. Porque hay más. Lo siguiente es iniciar sesión en tu cuenta Samsung. Si no tienes una, regístrate gratis.

Iniciar sesión o registrarte en una cuenta Samsung te va a ayudar a encontrar tu tableta si se pierde y a utilizar los servicios exclusivos de Samsung. Te recomiendo que lo hagas. También puedes iniciar sesión con Google.

Una vez que hayas terminado, verás una pantalla que dice "Finalizado", ¡y es hora de empezar a usar tu tableta!

Voy a cubrir cómo hacer esto un poco más tarde, pero una cosa que usted puede ser que desee hacer después de la configuración inicial es una actualización; dependiendo de cuando usted compró la tableta, que podría estar fuera de fecha.

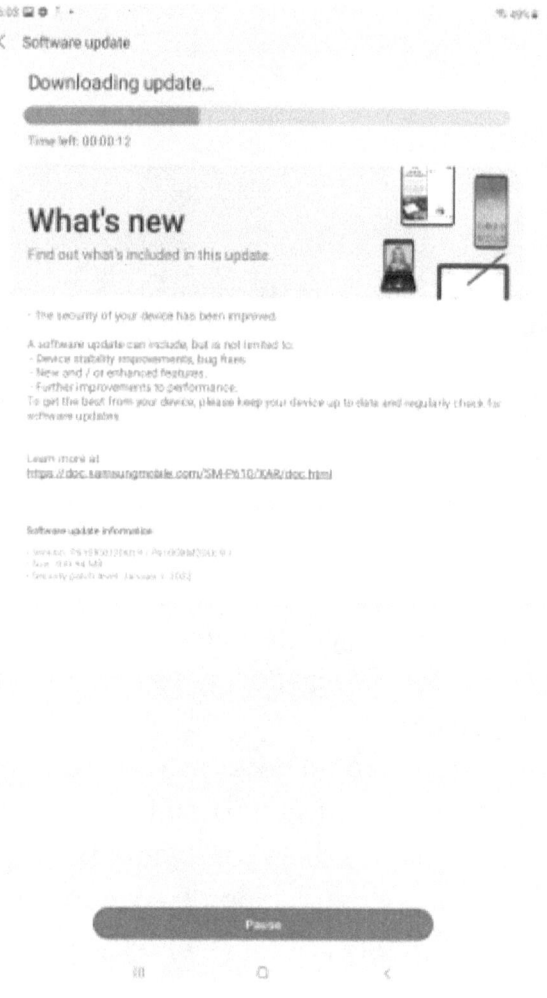

Puedes hacer una actualización entrando en el área de software de la aplicación Configuración del sistema, pero, de nuevo, trataré esto con más detalle más adelante en el libro.

Es posible que al principio notes que tu tableta va un poco lenta. Pero no te preocupes. No has comprado una basura. Si deslizas el dedo hacia abajo, probablemente verás un mensaje diciendo que está terminando una actualización. Aunque tu tableta parezca estar en funcionamiento, todavía se están llevando a cabo algunas actualizaciones internas. Puedes seguir usándola, pero es posible que notes *algunos* problemas de rendimiento hasta que se completen estas actualizaciones.

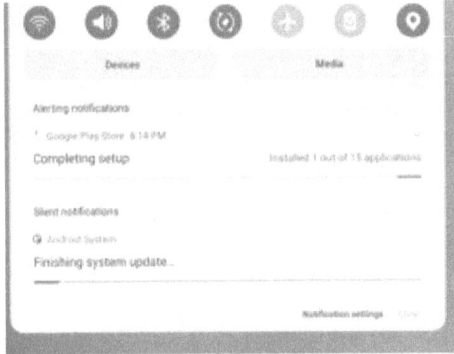

[3]
EL RESUMEN RIDÍCULAMENTE SENCILLO

Este capítulo tratará:
- Explorar la interfaz de usuario de Samsung
- Barra de notificaciones
- Barra de borde
- Gestos

CÓMO ORIENTARSE

La gente llega al Samsung desde todo tipo de lugares: iPad, otras tabletas Android, un teléfono plegable, dos vasos de poliestireno atados con un cordel. La siguiente sección es un curso intensivo de la interfaz. Si has usado Android antes, entonces puede parecer un poco simple, así que salta hacia adelante si ya sabes todo esto.

Si todo esto te parece un poco precipitado, hay una buena razón: ¡lo es! Más adelante trataremos estos puntos con más detalle. Esto es sólo un comienzo rápido / referencia.

Cuando veas tu pantalla principal por primera vez, verás seis componentes. Son (de arriba a abajo): la Barra de notificaciones, Añadir widget del tiempo, la aplicación de búsqueda de Google, los iconos de accesos directos, la barra de favoritos-navegación.

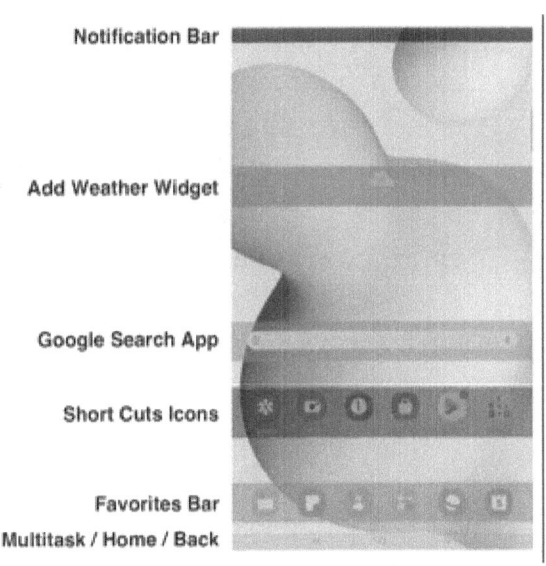

- **Notificaciones Barra** - Se trata de un menú desplegable (deslízalo hacia abajo

para ampliarlo) y es donde verás todas tus alertas (nuevo correo electrónico o mensaje de texto, por ejemplo) y donde puedes ir para cambiar la configuración rápidamente.
- **Añadir widget del tiempo** - Los widgets son como miniaplicaciones que muestran información en tu pantalla; el tiempo es lo que se muestra aquí, pero pueden ser cualquier cosa, desde Gmail a calendarios, y cientos de cosas entre medias.
- **Google Search App** - La aplicación Google Search es otro ejemplo de widget. Como su nombre indica, puede buscar información en Google, pero también busca aplicaciones en tu tableta.
- **Iconos de accesos directos**: son aplicaciones que utilizas con frecuencia y a las que quieres acceder rápidamente.
- **Barra de favoritos** - Son como atajos, excepto que los ves en todas tus pantallas. Puedes añadir lo que quieras a esta área, pero estas son las aplicaciones que Samsung cree que usarás más.
- **Barra de navegación** - Son accesos directos para moverte por tu tableta: el primero es el botón multitarea, que te ayuda a cambiar rápidamente de aplicación; el siguiente es el botón Inicio, que te devuelve a la pantalla de inicio; y el

último es el botón Atrás, que te devuelve a la pantalla anterior.

NOTIFICACIONES BAR

Junto a la barra de accesos directos, el área que más utilizarás es la barra de notificaciones. Aquí es donde recibirás, lo has adivinado, ¡notificaciones! ¿Qué es una notificación? Es cualquier tipo de aviso que hayas elegido recibir. Algunos ejemplos: alertas por mensaje de texto, alertas por correo electrónico, alertas ámbar y aplicaciones que tienen actualizaciones.

Cuando arrastres el dedo hacia abajo desde la barra de notificaciones, aparecerá una lista con varias opciones que puedes ajustar. Mantén pulsada cualquiera de estas opciones y abrirás una app con aún más opciones.

De derecha a izquierda estas son las opciones que puedes cambiar o utilizar:

- Wi-fi
- Sonido (toque para silenciar los sonidos)
- Bluetooth

- Bloquea el dispositivo para que no gire automáticamente
- Modo avión (que desactiva wi-fi y Bluetooth)
- Modo de ahorro de energía (que limita la velocidad de la CPU de la tableta y disminuye el brillo de la pantalla para aumentar la duración de la batería.
- Activar/desactivar el uso compartido de la ubicación

Si sigues arrastrando hacia abajo, este fino menú se amplía y hay algunas opciones más.

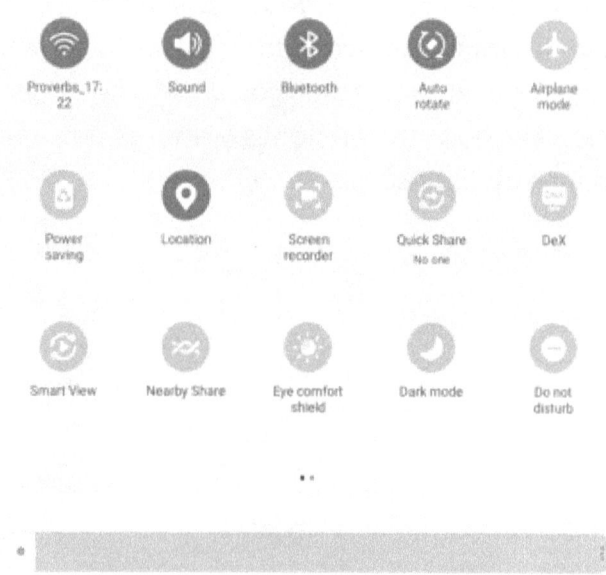

El primero está en la parte inferior de la pantalla: es el control deslizante, y hace que tu dispositivo sea más o menos brillante dependiendo de hacia dónde lo arrastres.

Encima hay varios controles. Muchos de estos controles son sólo un interruptor de encendido / apagado, pero algunos le permiten pulsar prolongadamente para ver las opciones ampliadas. Algunos serán más obvios que otros, pero los repasaré rápidamente, empezando por arriba a la izquierda.

- Wi-Fi: pulse para desactivar Wi-Fi; mantenga pulsado para cambiar de red y ver los ajustes de Wi-Fi.
- Sonido: pulse para desactivar el sonido; mantenga pulsado para ver los ajustes de sonido.
- Bluetooth - Desactiva Bluetooth; pulsación larga para conectarse a un dispositivo o ver los ajustes de Bluetooth.
- Autorotate - Al pulsar se bloqueará la orientación del dispositivo, de modo que si lo giras la pantalla no rotará.
- Modo avión: desactiva funciones como Wi-Fi, móvil y Bluetooth..
- Modo de energía: activa un modo de ahorro de energía que ayudará a tu tableta a durar más; si tienes poca batería y no estás cerca de un cargador, esto te ayudará a obtener un poco más de vida de tu tableta. Si lo pulsas prolongadamente, aparecerán más funciones de ahorro de energía.

- Ubicación - Activar/desactivar esta opción permite a las aplicaciones ver tu ubicación; por ejemplo, si utilizas un mapa para obtener indicaciones de cómo llegar, la aplicación tendrá permiso para ver dónde te encuentras. Una pulsación larga mostrará la configuración ampliada de la ubicación.
- Grabador de pantalla - Esta opción te permite crear un vídeo de lo que hay en tu pantalla; puedes crear un tutorial de algo o incluso grabar una partida. Una pulsación larga mostrará ajustes ampliados.
- Compartir rápidamente: esta opción te permite compartir de forma inalámbrica fotos, vídeos y otros archivos con otro dispositivo. Una pulsación larga mostrará ajustes ampliados.
- Modo DeX: convierte tu tableta en una experiencia similar a la de un ordenador de sobremesa.
- Smart view: te permite reflejar tu pantalla (o sonido) en otros dispositivos (como Google Home).
- Compartir cerca: para compartir archivos y fotos con usuarios cercanos.
- Filtro de luz azul: al activarlo, se desactiva la luz azul de la tableta, que adquiere un tono más marrón. La luz azul puede

dificultar el sueño, por lo que se recomienda activarlo por la noche.
- Modo oscuro - Cambia los menús a un esquema de IU oscuro.
- No molestar: desactiva las notificaciones para no recibir mensajes ni llamadas de la tableta (pasarán directamente al buzón de voz); una pulsación larga amplía la configuración de No molestar.

Si deslizas el dedo, verás aún más opciones entre las que elegir.

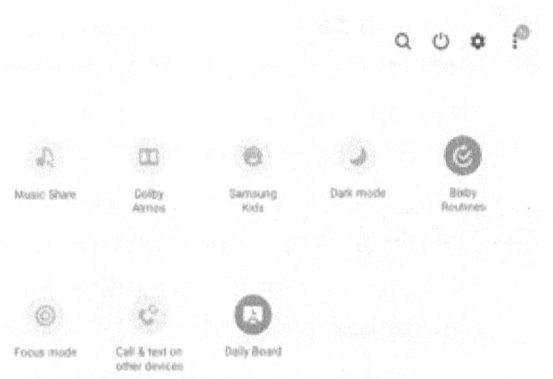

- Compartir música: comparte la música que estás escuchando para que podáis escucharla juntos. Una pulsación larga mostrará ajustes ampliados.
- Dolby Amos - Si lo activas, tu dispositivo tendrá un sonido Dolby Amos superior. Una pulsación larga mostrará ajustes ampliados.

- Samsung kids - Activa el modo infantil, que proporciona al dispositivo una interfaz de usuario adaptada a los niños y desactiva varias aplicaciones.
- Modo oscuro: da a los menús y a algunas aplicaciones un fondo negro en lugar de blanco. Una pulsación larga mostrará los ajustes ampliados.
- Bixby rutinas - Configura Bixby. Una pulsación larga mostrará ajustes ampliados.
- Modo Focus: te permite establecer temporizadores y desactivar determinadas aplicaciones durante un periodo de tiempo para que disfrutes de una experiencia más libre de distracciones. Una pulsación larga mostrará los ajustes ampliados.
- Llama y envía mensajes a otros dispositivos: sincroniza tu tableta con tu teléfono para enviar mensajes y llamar a otras personas.
- Pizarra diaria: activa y desactiva la pizarra diaria, que muestra un resumen del día cuando no se utiliza la tableta.

También verás un icono +, que puedes utilizar para añadir iconos y ajustes adicionales.

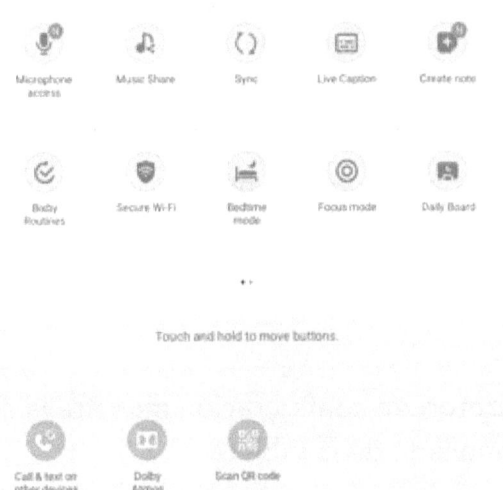

En el área de notificación también verás dos opciones para Medios y Dispositivos.

Media te permite controlar la música y los vídeos de otros dispositivos.

Dispositivos le permite conectarse a dispositivos mediante Bluetooth y ver a qué dispositivos ya estás conectado.

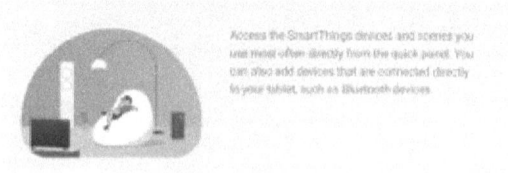

En la parte superior hay otros controles.

El botón de configuración muestra la configuración ampliada de la tableta.

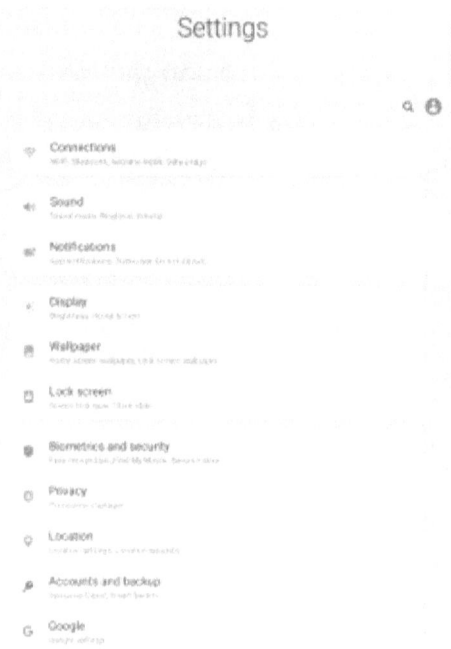

El botón de encendido te permitirá reiniciar o apagar el dispositivo.

DESPLAZARSE RÁPIDAMENTE

Como ya se ha dicho, la parte inferior de la pantalla es tu zona de navegación para desplazarte.

Está bien, pero es mejor configurar gestos para navegar por la tableta. Esto desactivará esta sección para dar un poco más de espacio a la pantalla.

Para cambiarla, desliza el dedo hacia arriba desde la parte inferior de la pantalla (aparecerán todas las aplicaciones) y, a continuación, pulsa Ajustes.. A continuación, ve a la opción Pantalla.

En Opciones de pantalla, desplácese hacia abajo hasta llegar a Barra de navegación y, a continuación, tóquela.

Edge panels

Navigation bar
Manage the Home, Back, and Recents buttons or use gestures for more screen space.

En el menú de la barra de navegación, seleccione Gestos a pantalla completa.

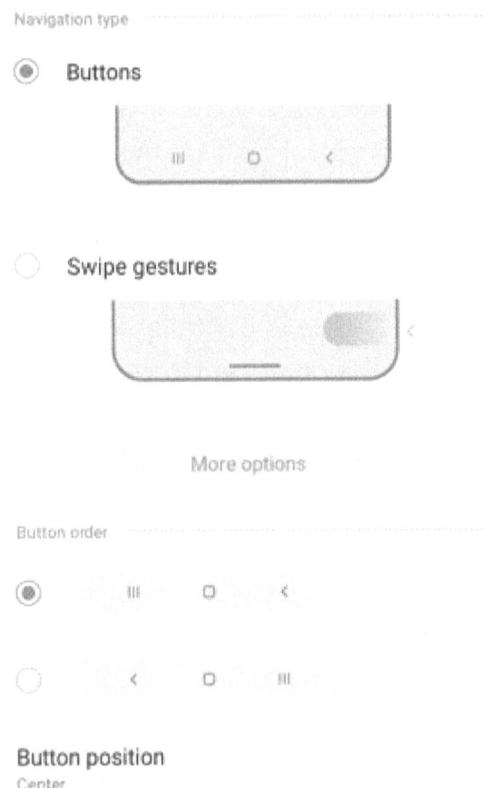

¡Bien! ¡Se ha ido! Pero, ¿qué son los gestos? Antes de salir de ajustes, te dará un pequeño avance de cómo funcionan, pero a continuación te lo resumimos:
- Desliza el dedo hacia arriba y suéltalo para acceder a la pantalla de inicio desde cualquier aplicación.
- Desliza el dedo hacia arriba y mantenlo pulsado para activar la multitarea.

- Desliza el dedo hacia la derecha o la izquierda desde el borde inferior de la pantalla para avanzar o retroceder.

Recordarás que al deslizar el dedo hacia arriba desde la parte inferior se mostraban todas tus aplicaciones. Ahora ese gesto vuelve a la pantalla de inicio, así que ¿cómo puedes ver todas tus aplicaciones? Desde la pantalla de inicio, desliza el dedo hacia arriba en el centro de la pantalla para verlas.

A la hora de moverte por tu Samsung, aprender a utilizar los gestos será el método más rápido y eficaz. Puedes cambiar algunas de las opciones de gestos yendo a Sistema > Funciones avanzadas > Movimiento y gestos.

El gesto más importante es cómo volver a la pantalla de inicio, después de todo no hay botones. Es el más fácil de recordar: desliza el dedo hacia arriba desde la parte inferior de la pantalla.

Multitarea

Esos son los gestos fáciles de recordar; sin embargo, si quieres moverte rápidamente, necesitas conocer los dos grandes gestos de multitarea, que te ayudan a cambiar de una aplicación a otra.

La primera es ver las aplicaciones abiertas. Para ello, desliza el dedo hacia arriba como si fueras a la pantalla de inicio, pero continúa hasta la mitad de la pantalla y luego detente y levanta el dedo, no hagas un gesto rápido de deslizamiento hacia arriba como lo harías al ir a Inicio. Esto te mostrará vistas previas de todas las aplicaciones abiertas y podrás deslizarte entre ellas. Toca la que quieras abrir.

Sin embargo, la forma más rápida de cambiar entre dos o tres aplicaciones es deslizar el dedo de izquierda a derecha por el borde inferior de la pantalla. De este modo, pasarás de una aplicación a otra en el orden en que las hayas utilizado.

Zoom

¿Necesitas ver el texto más grande? Hay dos formas de hacerlo. Nota: esto funciona en muchas aplicaciones, pero no en todas.

La primera forma es pellizcar para hacer zoom.

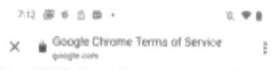

La segunda forma es pulsar dos veces sobre el texto.

Gire

Probablemente te habrás dado cuenta de que si giras tu tableta, gira la pantalla. ¿Y si no quieres rotar toda la pantalla? Puedes desactivarlo muy fácilmente. Desliza el dedo hacia abajo y toca el botón de las flechas para activarlo o desactivarlo.

BARRA DE BORDE

Una de las características que siempre ha destacado en los dispositivos Samsung es la forma en que aprovechan todas las zonas de su tableta... hasta el borde.

La barra Edge te permite acceder rápidamente a los menús contextuales desde cualquier parte de la tableta. Para acceder a ella, desliza el dedo hacia la izquierda desde el lateral de la pantalla, cerca de la parte superior; el contorno de la barra Edge apenas puede verse en la pantalla de inicio. Está justo al lado del botón de bajar volumen y se extiende justo por encima del botón de subir volumen.

Si deslizas el dedo hacia la derecha, aparecerá un menú lateral.

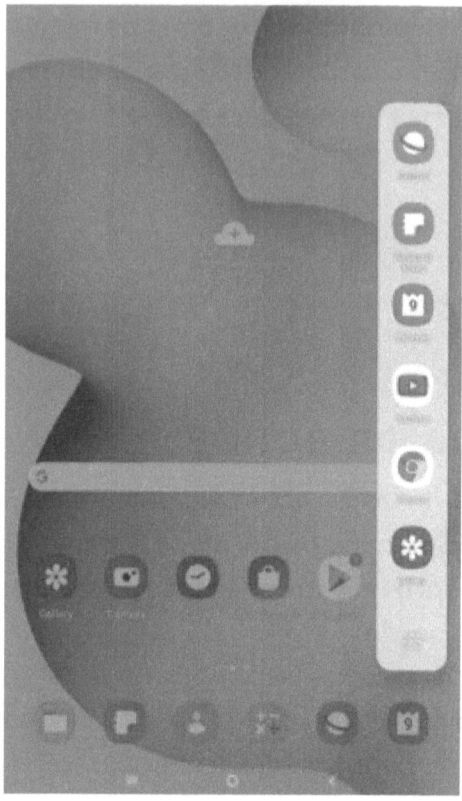

En la esquina inferior izquierda, puedes hacer clic en el icono de lista con viñetas para ver todos los menús de la barra **Edge**.

Deslizando el dedo a derecha e izquierda puedes alternar entre ellos.

Si haces clic en el icono de configuración de la esquina inferior izquierda, podrás seleccionar y anular la selección de los menús de la barra Edge que se muestran.

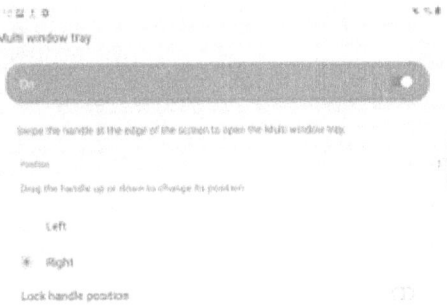

Para añadir una aplicación al menú de la barra App Edge, toca el icono del lápiz. Puedes arrastrar cualquier aplicación a ese cuadro vacío; elimina una aplicación si quieres añadir más.

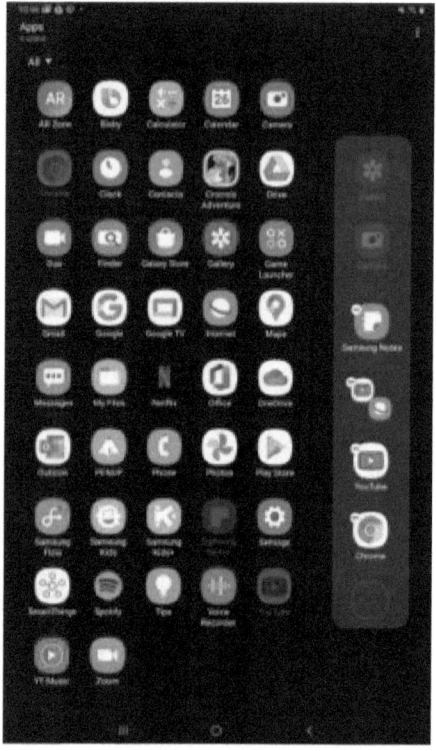

Para eliminar una aplicación, mantén pulsado el icono y arrástralo para eliminarla.

[4]
Personalizar la tableta

Este capítulo tratará:
- Personalización de pantallas
- Pantallas divididas
- Gestos

PANTALLAS BONITAS

Si has usado un iPhone o un iPad, te habrás dado cuenta de que la pantalla parece un poco...

desnuda. Sólo tiene unos pocos botones. Quizá te guste. Si es así, ¡bien por ti! Adelante. Si quieres decorar esa pantalla con accesos directos y widgets, sigue leyendo.

Añadir accesos directos

Cualquier aplicación que quieras en esta pantalla, sólo tienes que buscarla y mantenerla pulsada; cuando aparezca un menú, arrástrala hacia arriba hasta que aparezca la pantalla y muévela a donde quieras que vaya.

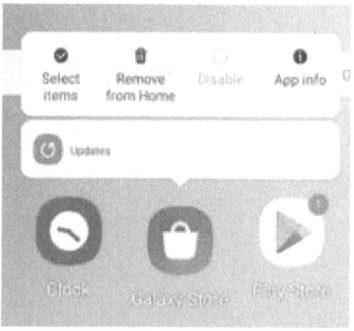

Para eliminar una aplicación de una pantalla, mantenga pulsado y, a continuación, pulse Eliminar en el cuadro emergente.

Widgets

Accesos directos están bien, pero los widgets son mejores. Widgets son una especie de miniprogramas que se ejecutan en tu pantalla. Un widget común que la gente pone en su pantalla es el pronóstico del tiempo. A lo largo del día, el widget se actualiza automáticamente con información actualizada.

Es un widget tan popular que Samsung ha colocado la opción en la pantalla de inicio y sólo tienes que pulsarla para configurarlo.

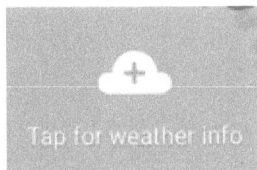

Una vez que añadas tu ciudad, empezará a mostrarse automáticamente. Si haces clic en ella, se abrirá la aplicación.

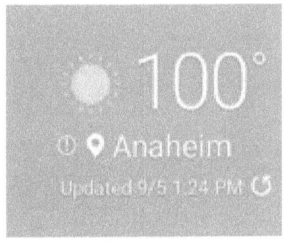

El tiempo está bien, pero hay muchos widgets que puedes añadir a tu pantalla de inicio. ¿Cómo se consiguen? Mantén pulsado el dedo en el centro de la pantalla. Aparecerá el menú de opciones de la pantalla de inicio. Pulsa el icono Widgets Widgets.

Esto te mostrará los widgets más populares, pero si sabes lo que quieres, sólo tienes que buscarlo.

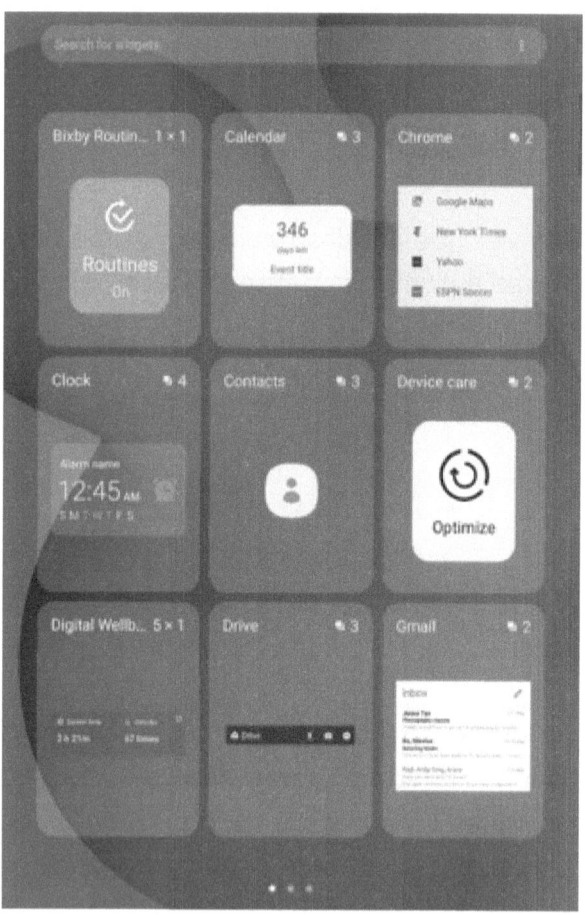

Para este ejemplo, he buscado Gmail, que sé que tiene un widget. Lo toco y me deja seleccionar dónde lo quiero en la pantalla.

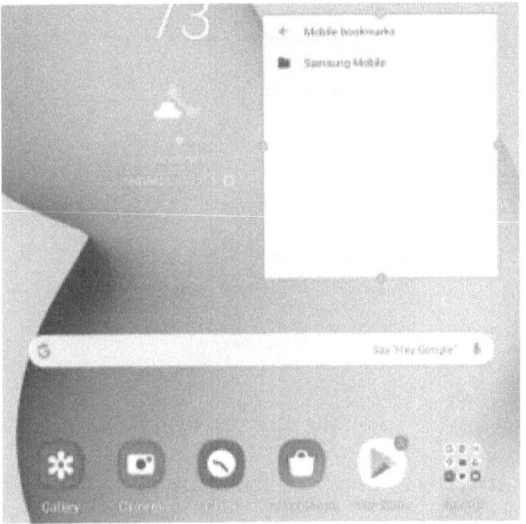

Cuando toques el widget, verás unos puntitos en el lateral. Eso te permite hacerlo más grande o más pequeño. Solo tienes que arrastrarlo hasta la anchura y altura que prefieras.

Para eliminar cualquier widget, mantén pulsado sobre él. En la ventana emergente, pulsa Eliminar de Inicio.

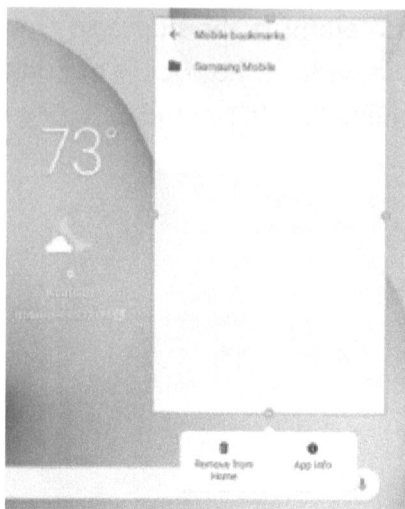

Papel pintado

Añadir papel tapiz a tu pantalla se hace de forma similar. Mantenga pulsado el dedo en la pantalla de inicio y, cuando aparezca el menú, seleccione Fondo de pantalla en lugar de Widgets.

En el menú Fondos de pantalla tienes varias opciones:
- Mis fondos de pantalla: son fondos de pantalla que has comprado o que Samsung precarga.
- Galería - Fotos que has hecho.

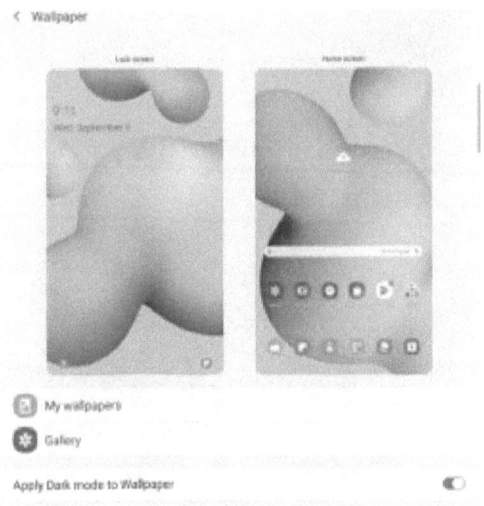

SAMSUNG GRATIS

Samsung Free es una especie de recomendación de cosas para leer y descargar. Puedes verlo deslizando el dedo hacia la izquierda desde la pantalla de inicio.

No es la peor función de la tableta, pero mucha gente no le ve el valor. Si prefieres no verla, mantén pulsada la pantalla de inicio y desliza el dedo hacia la izquierda cuando veas las opciones de inicio. En la vista previa de Samsung Free, desactiva el interruptor.

AÑADIR PANTALLAS

Añadir pantallas para más accesos directos y widgets es muy fácil. Mantén pulsada la pantalla de inicio y desliza el dedo hacia la derecha.

A continuación, haz clic en el icono +, que añadirá una pantalla. Cuando vuelvas a tu pantalla de inicio, puedes deslizar el dedo hacia la derecha y empezar a añadirle accesos directos y widgets.

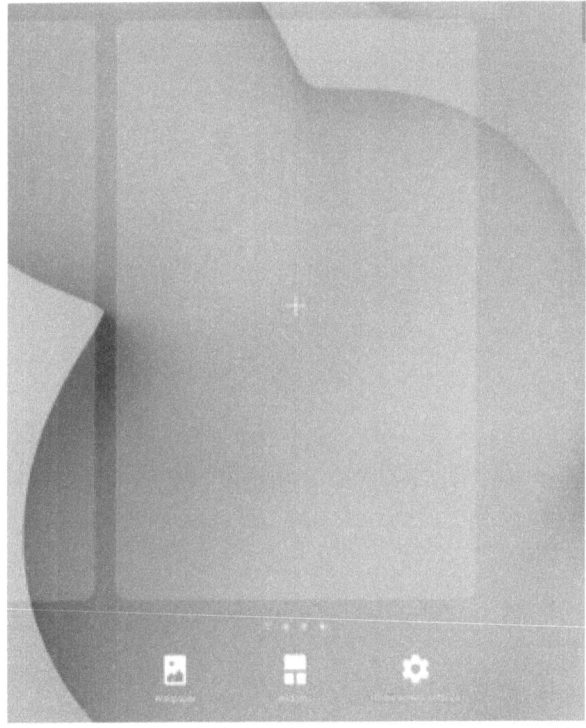

CONFIGURACIÓN DE LA PANTALLA DE INICIO

Para acceder a más ajustes de la pantalla de inicio, mantén pulsada la pantalla de inicio y, a continuación, pulsa el icono de configuración de la pantalla de inicio.

La primera área que probablemente querrás cambiar es el diseño de la pantalla de inicio.

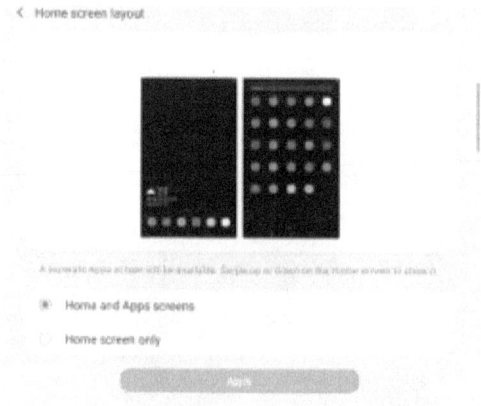

La cuadrícula de la pantalla de inicio también es útil si quieres aprovechar un poco más el espacio de la pantalla; ajusta el tamaño y la ubicación de los iconos para que quepan más o menos iconos en la pantalla.

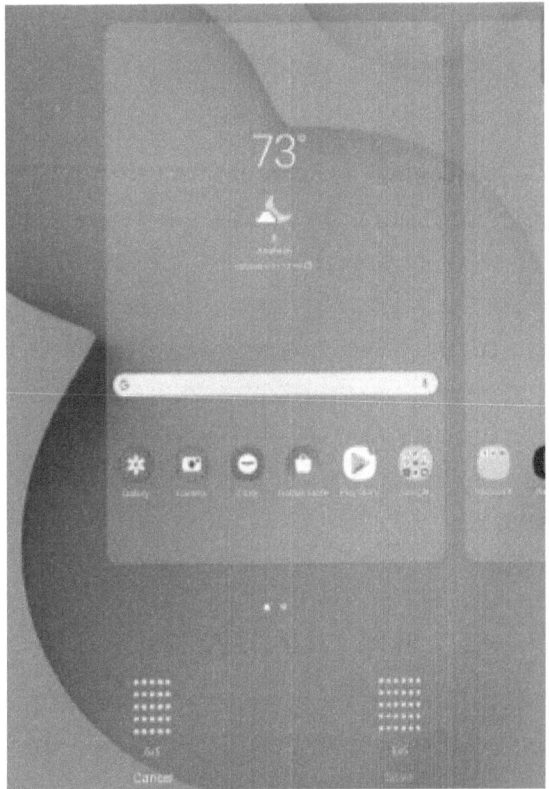

El resto de los ajustes son simples interruptores de palanca.

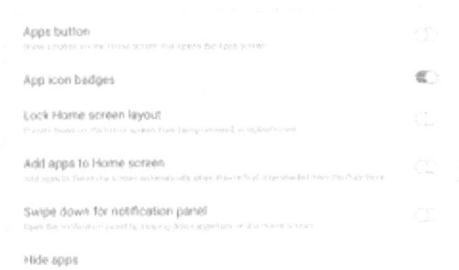

UNAS PALABRAS SOBRE LOS MENÚS

Es bastante intuitivo que si tocas un icono, se abre la aplicación. Lo que no es tan obvio es que si mantienes pulsado hay otras opciones. Cada aplicación es diferente. Suelen ser accesos directos: si mantienes pulsado el icono de la tableta, por ejemplo, aparecerán tus aplicaciones favoritas; si haces lo mismo con la cámara, aparecerá un acceso directo al modo selfie. Mantén pulsadas tus aplicaciones favoritas para ver los accesos directos disponibles.

PANTALLAS DIVIDIDAS

La tableta Samsung viene en diferentes tamaños; una pantalla más grande, obviamente, te da mucho más espacio, lo que hace que las aplicaciones de pantalla dividida sean una característica muy útil. También funciona en la Samsung más pequeña, aunque no resulta tan eficaz en ella.

Para utilizar esta función, desliza el dedo hacia arriba para abrir la multitarea; a continuación, toca el icono situado sobre la ventana que quieras convertir en pantalla dividida (nota: esta función no es compatible con todas las aplicaciones); si la pantalla dividida está disponible, verás un menú con la opción de pantalla dividida.

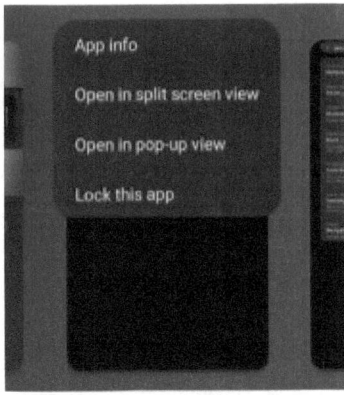

Una vez que toques dividir pantalla, te permitirá deslizar a izquierda y derecha para encontrar la aplicación con la que quieres dividir la pantalla. Toca la que quieras.

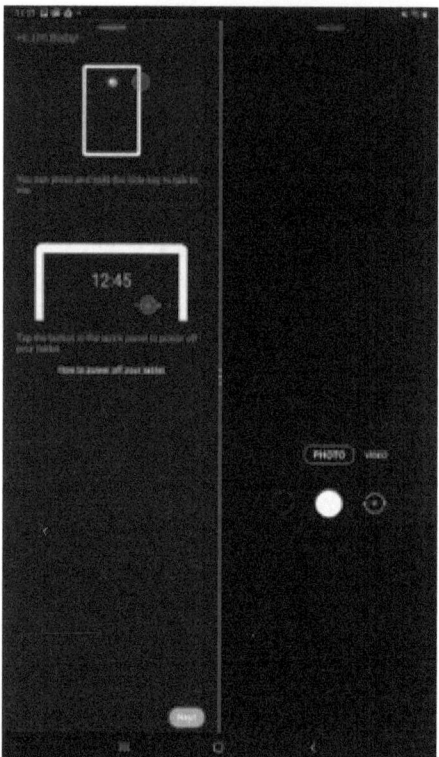

Tu pantalla está ahora dividida en dos.

Esa fina barra azul del centro es ajustable; puedes moverla hacia arriba o hacia abajo para que una de las aplicaciones tenga más espacio en pantalla.

Para salir de este modo, arrastre la barra negra hacia arriba o hacia abajo hasta que una de las aplicaciones desaparezca por completo.

[5]

LO BÁSICO... Y MANTENERLO RIDÍCULAMENTE SENCILLO

Este capítulo tratará:
- Hacer llamadas
- Envío de mensajes
- Buscar y descargar aplicaciones
- Cómo llegar en coche

Ahora que ya tienes tu tableta configurada y conoces el dispositivo en su nivel más básico, vamos a repasar las aplicaciones que más vas a utilizar.

Antes de entrar en materia, hay algo que debes saber: cómo abrir aplicaciones que no están en tu pantalla de inicio. Es muy fácil. Desde tu pantalla de inicio, desliza el dedo hacia arriba desde el centro de la pantalla. ¿Te has fijado en el menú que aparece? Ahí es donde están todas las aplicaciones adicionales.

CONTACTOS

Abramos la aplicación Contactos para empezar. ¿La ves? Está en tu barra de favoritos, pero también puedes deslizar el dedo hacia arriba para ver todas tus aplicaciones y llegar a ella.

Se parece a esto:

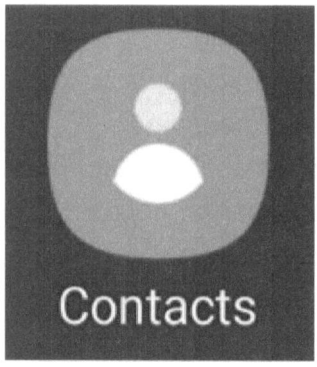

Lo más probable es que si has añadido tu cuenta de correo electrónico, ya tengas un montón de contactos en la lista. Cientos. Habrá un mensaje sobre cómo fusionarlos, eso depende de ti.

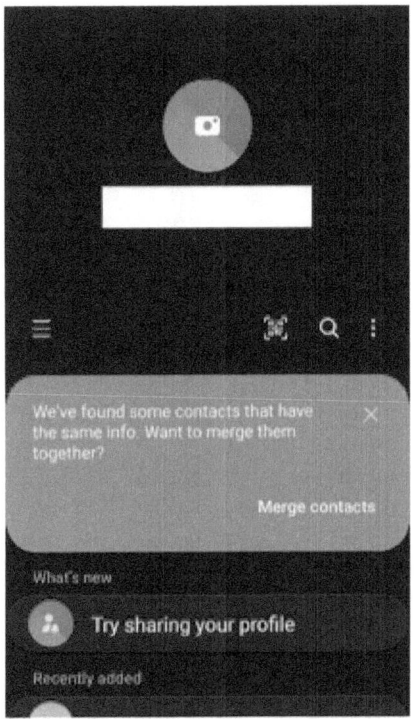

Puedes buscar el contacto pulsando la lupa, desplazarte lentamente o dirigirte a la parte derecha de la aplicación y desplazarte; esto te permite desplazarte rápidamente por las letras. Solo tienes que deslizar el dedo hasta que veas la letra del contacto que quieres y detenerte.

Sin embargo, ¡me estoy adelantando! Antes de que puedas desplazarte, estaría bien saber cómo añadir un contacto para que haya gente a la que desplazarse. Para añadir un contacto, pulsa en el signo más.

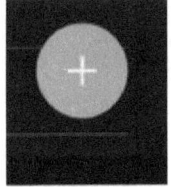

Antes de añadir el contacto, te preguntará dónde quieres guardarlo: en tu cuenta de Samsung, en la tableta o en Google. Depende de ti, pero guardarlo en Google puede ahorrarte problemas si cambias de fabricante de tableta en el futuro.

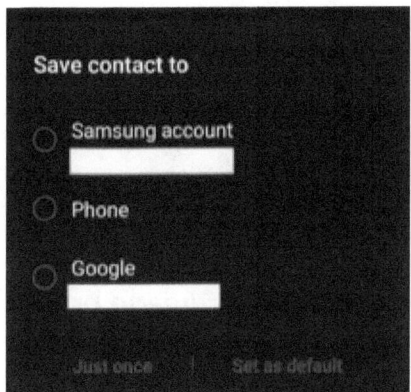

Añadir una persona se parece más a solicitar un trabajo que a añadir un contacto. Hay filas y filas de campos.

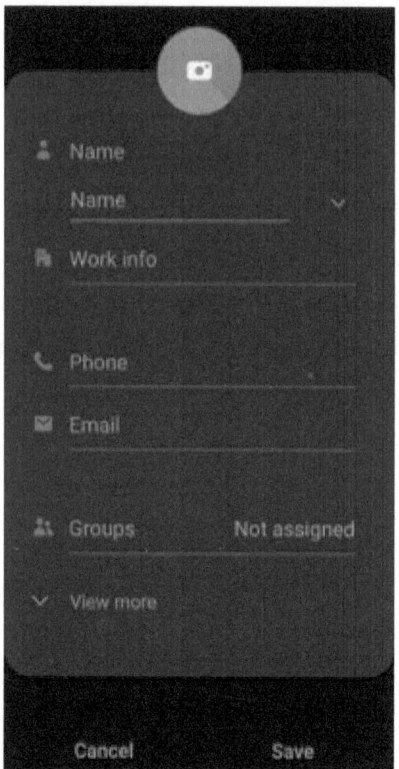

Por si no estabas abrumado por todos los campos, puedes tocar más campos y obtener aún más.

Esto es lo más importante que debes saber: ¡los campos son opcionales! Puedes añadir un nombre y un correo electrónico y ya está. Ni siquiera tienes que añadir su número de tablet. Sin embargo, si quieres llamarlos, sin duda te ayudará.

Si te cuesta recordar quiénes son las personas, también puedes hacer una foto o añadir una foto que ya tengas. Es muy útil si tienes ocho hijos y no recuerdas si Joey es el rubio o el pelirrojo. Solo tienes que pulsar el icono de la cámara en la parte superior y, a continuación, pulsar Galería (para asignar una foto que ya hayas hecho) o Cámara (para hacerles una foto); también puedes usar uno de los iconos tipo avatar que tiene Samsung.

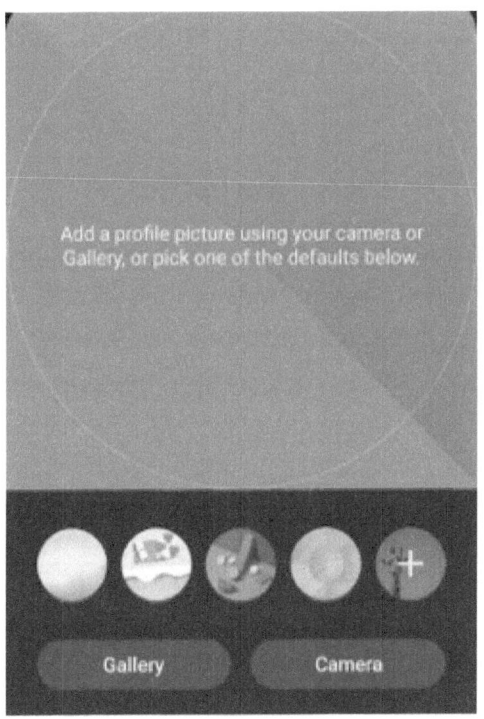

Cuando haya terminado, pulse el botón Guardar.

Editar un contacto

Si añades un correo electrónico y más tarde decides que deberías añadir un número de tablet, o si quieres editar cualquier otra cosa, sólo tienes que buscar el nombre en tus contactos y tocarlo una vez. Aparecerá toda la información que ya has añadido.

Vaya a la parte inferior de la pantalla y pulse sobre el botón de opción Editar. Esto hace que el contacto sea editable. Vaya al campo que desee y actualícelo. Cuando haya terminado, pulse Guardar.

COMPARTIR UN CONTACTO

Si tienes tu tableta el tiempo suficiente, alguien te preguntará por el número de tableta de fulanito. A la antigua usanza, había que escribirlo. Pero tú tienes una tableta, ¡así que no estás anticuado!

La nueva forma de compartir un número es buscar a la persona en tus contactos, tocar su nombre y, a continuación, tocar Compartir en la esquina inferior izquierda de la pantalla.

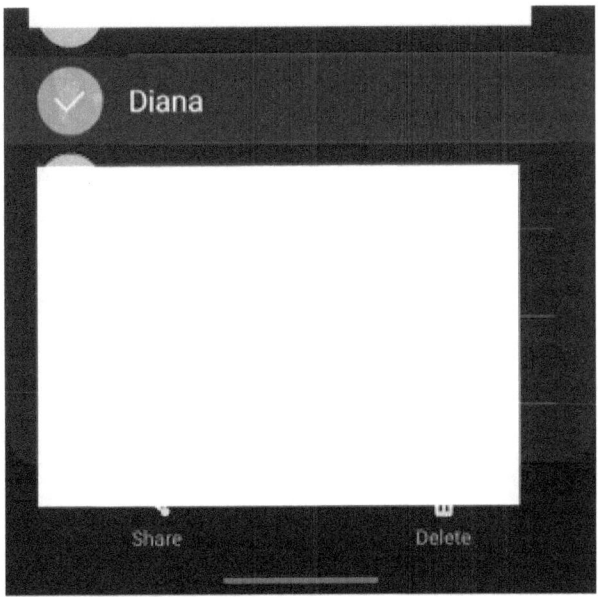

A partir de aquí tienes varias opciones, pero la más sencilla es enviar un mensaje de texto o un correo electrónico con el contacto a tu amigo. Esto les envía una tarjeta de contacto. Si tienes otra información sobre ese contacto (como el correo electrónico), también se la enviaremos.

Borrar contacto

Borrar un contacto es lo mismo que compartir un contacto. La única diferencia es que una vez que tocas su nombre, tocas el icono de borrar a la derecha (no el de compartir a la izquierda). Esto los borra de tu tableta, pero no de tu vida.

ORGANÍZATE

Cuando empieces a tener muchos contactos, encontrar a alguien te llevará más tiempo. Grupos ayuda. Puedes añadir un grupo de "Familia", por ejemplo, y meter ahí a todos los miembros de tu familia.

Cuando abras tus contactos y toques esas tres líneas de la esquina superior izquierda, verás un menú. Aquí es donde verás tus Grupos. Con los Grupos, puedes ir directamente a esa lista y encontrar el contacto que necesitas.

También puedes enviar a todo el grupo un mensaje de correo electrónico o de texto. Así, por ejemplo, si tu hijo cumple dos años y quieres recordar a todos los miembros de tu contacto "Familia" que no vengan, solo tienes que pulsar en ese Grupo.

Pero, ¿y si no tienes etiquetas? ¿O si quieres añadir personas a una etiqueta? Muy fácil. ¿Recuerdas aquella larga aplicación que utilizabas para añadir un contacto? Uno de los campos se llamaba "Grupos." Tienes que tocar más para verlo. Es todo el camino en la parte inferior. Uno de los últimos campos, de hecho.

Si nunca has añadido una etiqueta o quieres añadir una nueva, empieza a escribir. Si ya tienes otra que te gustaría utilizar, toca la flecha y selecciónala.

Cuando hayas terminado, no olvides pulsar Guardar.

También puedes asignar rápidamente a alguien a un grupo tocando el nombre del contacto y seleccionando Crear grupo en la parte superior derecha.

Una vez que lo pulses, podrás añadir un nombre, asignar un tono de llamada y asignar otros miembros.

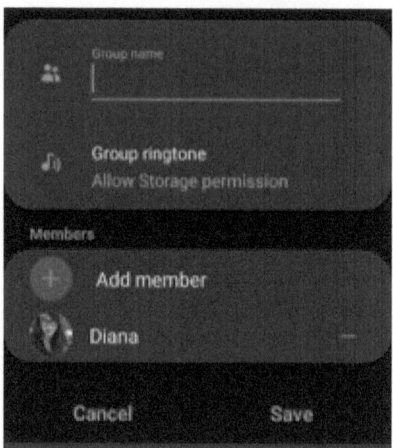

Borrar el grupo

Si decides que ya no quieres tener una etiqueta, entonces sólo tienes que ir al menú que te mostré arriba-menú lateral, luego los tres puntos. Desde aquí, pulse el Eliminar grupo.
Si sólo hay una persona a la que quieres eliminar de la etiqueta, púlsala, ve al Grupo y elimínala.

HACER LLAMADAS

Suponiendo que hayas sincronizado tu tableta con tu teléfono, también podrás hacer llamadas y enviar mensajes desde tu dispositivo.

Esta sección te guiará, pero si no funciona en tu dispositivo, recuerda: debes sincronizar tu tableta con un teléfono.

Puedes hacer una llamada abriendo la aplicación Contactos, seleccionando el contacto y pulsando el número de su tableta. También puedes pulsar el botón de la tableta en la pantalla de inicio o en la barra de favoritos.

Hay varias opciones cuando abres esta aplicación. Hablemos de cada una de ellas.

Empezando por el extremo izquierdo está la pestaña Teclado. Es verde porque ya estás allí.

En el centro está la pestaña "Recientes". Si has hecho alguna llamada, aparecerá aquí.

La última opción es Contactos, que abre una versión de la app Contactos que está dentro de la app Tablet.

Si quieres llamar a alguien a la antigua usanza tocando en los números, tócalos y toca el icono de llamada. También puedes tocar el icono de vídeo para iniciar una videollamada.

Cuando termines la llamada, pulsa el botón Finalizar de tu tableta.

Responder y rechazar llamadas

¿Qué haces cuando te llaman? Probablemente ignorarlo porque es un teleoperador.

Sin embargo, es fácil aceptar una llamada. Cuando suene la tableta, aparecerá el número y, si la persona está en tus contactos, también su nombre. Para responder, sólo tienes que deslizar el "responder". Para rechazar sólo tienes que arrastrar el "rechazar".

Ajustes del teléfono

Por si aún no te has dado cuenta, hay ajustes para casi todo. Samsung es una tableta *muy* personalizable. Para acceder a los ajustes, ve a la esquina superior derecha y selecciona Ajustes.

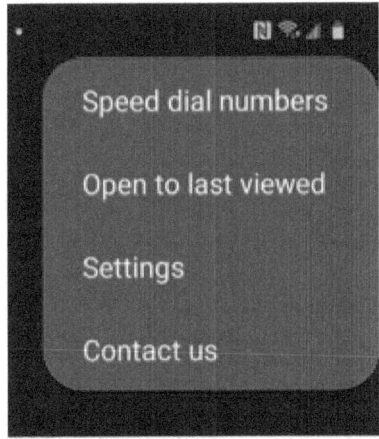

Desde ajustes puedes configurar tonos de llamada, añadir números para bloquear, configurar tu buzón de voz y mucho más.

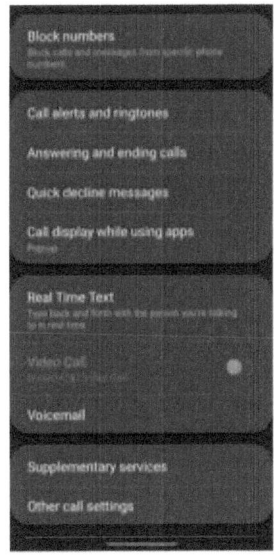

JUEGA A ANGRY BIRDS MIENTRAS HABLAS CON ANGRY MOM

¿Qué pasa si estás hablando por teléfono con tu madre y se está quejando de algo, pero no quieres ser maleducado y colgar? Muy fácil. Puedes hacer varias cosas a la vez. Esto significa que puedes jugar a Angry Birds mientras hablas.

Para realizar varias tareas a la vez, sólo tienes que deslizar el dedo hacia arriba desde la parte inferior de la tableta y abrir la aplicación en la que quieres trabajar mientras hablas. La llamada aparecerá en el área de notificación. Tócala para volver a la llamada.

MENSAJES

Ahora que ya sabes cómo funcionan Contactos y la tableta, la mensajería será como una segunda naturaleza. Comparten muchas de las mismas propiedades.

Abramos la aplicación Mensajes (tienes que deslizar el dedo hacia arriba e ir a todas las aplicaciones). Tiene este aspecto:

CREAR / ENVIAR UN MENSAJE

Cuando haya seleccionado los contactos a los que desea enviar un mensaje, pulse Redactar. También puede escribir manualmente el número en el campo de texto.

Puedes añadir más de un contacto, lo que se conoce como texto de grupo.

La primera vez que envíes un mensaje, probablemente se verá bastante vacío como la imagen de abajo. Suponiendo que nunca hayas enviado uno, estará en blanco. Una vez que empieces a recibir mensajes, puedes pulsar en Nueva categoría para crear etiquetas para ellos, de modo que todos tus mensajes familiares, por ejemplo, estarán en un solo lugar.

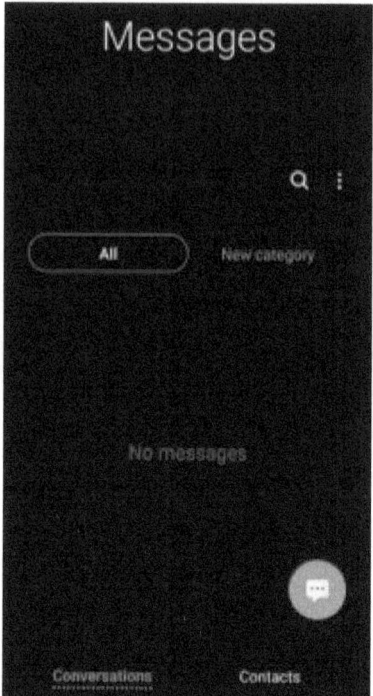

Cuando estés listo para enviar tu primer mensaje, pulsa el icono de mensaje.

El campo superior es donde pones a quién va dirigido (o el nombre del grupo si son varias personas). Puedes utilizar el icono + para buscar personas en tus contactos.

Utiliza el campo de texto para escribir tu mensaje.

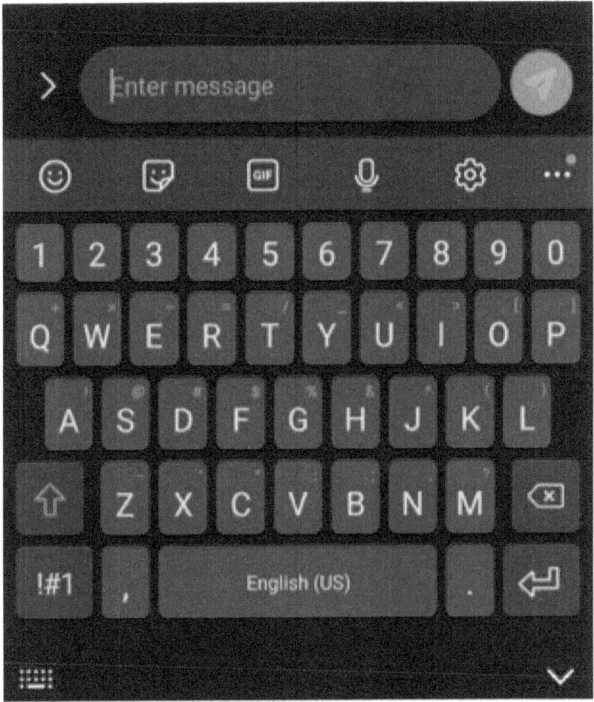

Parece bastante básico, pero en realidad hay *mucho* aquí. Empezando por abajo, hay un pequeño teclado que sirve para cambiar de tipo de teclado; a la derecha hay una flecha hacia abajo que cierra el teclado. Para recuperarlo, haz clic de nuevo en el cuadro de mensaje.

Justo encima del icono del teclado, hay un botón !#1, que cambiará el teclado alfa a un teclado numérico / de símbolos (para que tengas acceso rápido a símbolos como @, ?, %).

¿Estás escribiendo en otro idioma o necesitas un acento? Mantén pulsada la letra y verás más caracteres y símbolos para esa letra.

Por último, en la parte superior hay un conjunto de seis iconos adicionales.

De izquierda a derecha, el primero es el pack Emoji pack. Si quieres responder a alguien con un Emoji, entonces eso es lo que tocas.

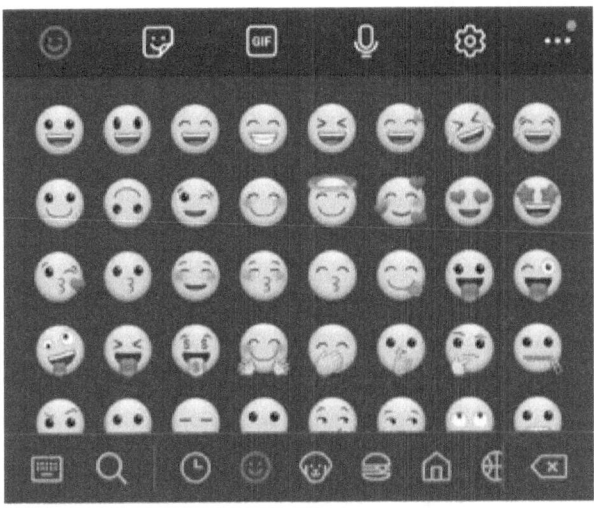

Puedes desplazarte por todas ellas deslizando el dedo hacia la derecha, pero como hay tantas, también están agrupadas y puedes saltar a un grupo tocando la imagen asociada en la parte inferior.

Junto al icono Emoji está el icono de la pegatina Bitmoji. Hablaré de Bitmoji más adelante, pero por ahora, digamos que Bitmoji es como un emoji personalizado para parecerse a ti. Para usarlo, tienes que descargarlo. Es gratis.

A continuación está la búsqueda de GIF Tienes que aceptar las condiciones de uso. Básicamente, es un motor de búsqueda de imágenes GIF; así que si quieres encontrar un GIF de cumpleaños para ponerlo en un mensaje, por ejemplo, puedes buscar "cumpleaños" y ver literalmente docenas y docenas de GIF. Si no sabes lo que es un GIF, son pequeñas imágenes que se mueven en bucle, como minipelículas que duran un par de segundos.

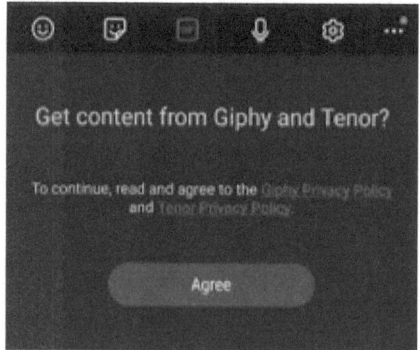

A la derecha del icono GIF está el icono de la microtableta, que te permite grabar un mensaje de voz en lugar de escribirlo.

Ya sabes que a Samsung le encantan los ajustes, así que probablemente no te sorprenderá que el icono de configuración abra los ajustes del teclado.

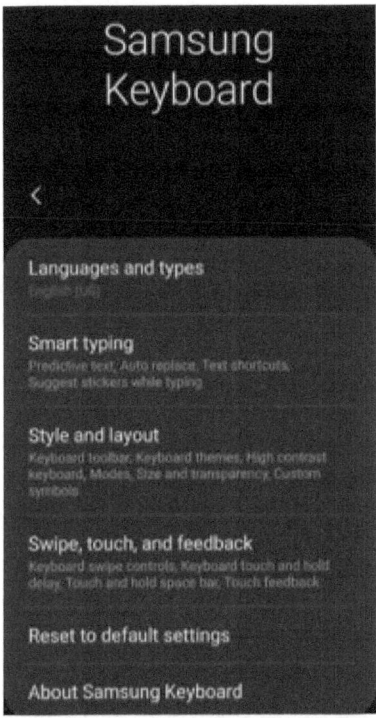

Como les gustan tanto los ajustes, hay algunos más cuando pulsas los tres puntos; aquí puedes ajustar el tamaño del teclado, pero también utilizar algunas de las muchas otras funciones, como la edición de texto y la traducción.

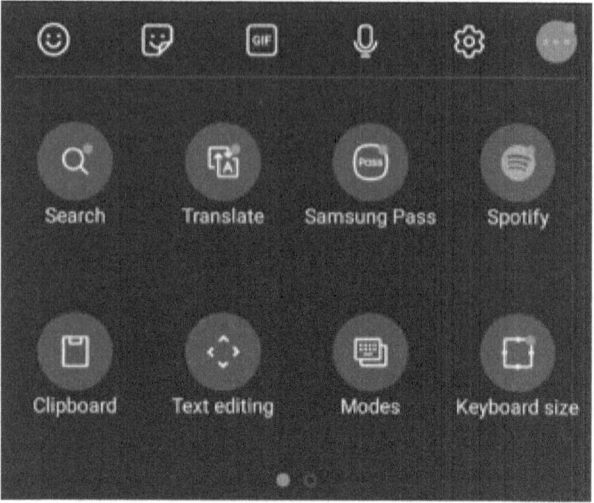

Así que, como he dicho, hay mucho en este teclado. Pero el teclado es sólo la mitad de la diversión. Mira encima... ese pequeño icono > te mostrará algunas cosas más que puedes hacer con el mensaje.

Hay tres opciones adicionales. La primera es incluir una imagen que esté en tu galería de fotos.

Lo siguiente es hacer una foto o grabar un vídeo.

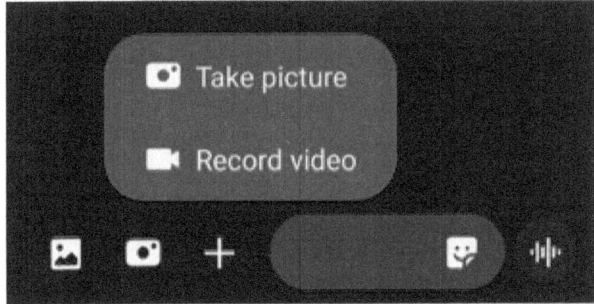

Y la última es una serie de opciones adicionales.

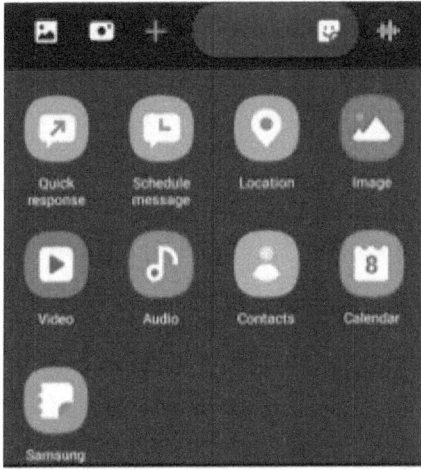

De izquierda a derecha empezando por arriba:
- Respuesta rápida: ofrece una lista de respuestas habituales para que no tengas que escribir nada.
- Programar mensaje - Permite definir cuándo se enviará el mensaje.
- Ubicación - Comparte con una persona dónde te encuentras actualmente. Así, si una persona va a quedar contigo y te

dice "¡Te estoy buscando, pero no te veo!", puedes enviarle esto para que se haga una mejor idea.
- Imagen / Vídeo - esto es similar a añadir un vídeo / imagen de su galería (en realidad se puede hacer eso aquí también), pero también los busca en otros lugares como Google Drive.
- Audio - Comparte un archivo de audio.
- Contactos - Comparte la información de contacto de alguien.
- Calendario - Comparte un evento de tu calendario con otra persona.
- Samsung - Comparte un Samsung Note con una persona.

Cuando estés listo para enviar tu mensaje, toca la flecha con el **SMS** debajo.

VER MENSAJE

Cuando recibas un mensaje, tu tableta vibrará, chirriará o no hará nada; todo depende de cómo la hayas configurado. Para ver el mensaje, puedes abrir la aplicación o deslizar el dedo hacia abajo para ver las notificaciones.

¿DÓNDE HAY UNA APLICACIÓN PARA ESO?

Antes he mencionado que podías jugar a Angry Birds mientras hablabas con tu madre enfadada en la tableta. ¿Suena divertido? Pero, ¿dónde está Angry Birds en tu tableta? Pues no. Tienes que descargarlo.

Añadir y eliminar aplicaciones en el Galaxy es fácil. Dirígete a tu barra de favoritos en la parte inferior de la pantalla de inicio y toca la aplicación Google Play.

Esto abre Play Store.

Desde aquí puedes navegar por las mejores aplicaciones, ver las elegidas por los editores, buscar por categorías o, si tienes una aplicación en mente, buscarla. Play Store no es sólo para aplicaciones. Puedes usar las pestañas de la parte superior para ir a películas, libros y música. Cualquier tipo de contenido descargable ofrecido por Google puede encontrarse aquí.

Cuando veas la aplicación que quieres, pulsa sobre ella. Podrás leer opiniones, ver capturas de pantalla e instalarla en tu tableta. Para instalarla, pulsa el botón de instalación; si es de pago, se te pedirá que la compres. Si no tiene precio, es gratuita (u ofrece pagos dentro de la aplicación, lo que significa que la aplicación es gratuita, pero tiene funciones premium por las que hay que pagar).

La aplicación se almacena ahora en la sección de aplicaciones de tu dispositivo (¿recuerdas la sección a la que llegas cuando deslizas el dedo hacia arriba desde la parte inferior a la superior?)

Eliminar aplicación

Si decides que ya no quieres una aplicación, ve a la aplicación en el menú de aplicaciones y mantenla pulsada. Aparecerá un cuadro con varias opciones. La que quieres es Desinstalar.

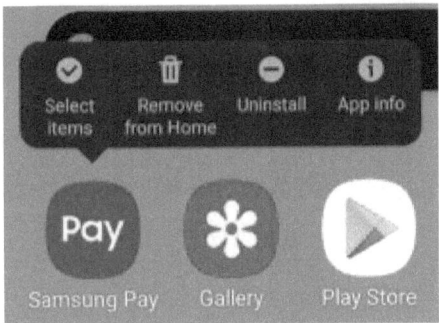

Si has descargado la aplicación desde Play Storesiempre puedes eliminarla. Algunas aplicaciones preinstaladas en la tableta no se pueden eliminar.

CÓMO LLEGAR EN COCHE

Es posible que alguna vez hayas tenido un GPS. Era un elegante aparato de plástico que te daba indicaciones para llegar a cualquier parte de Norteamérica. Ya puedes deshacerte de ese dispositivo porque tu tableta es tu nuevo GPS... más o menos. Más o menos, porque necesitas tener alguna forma de enviar datos a tu tableta si no tienes wi-fi.

Para obtener indicaciones, desliza el dedo hacia arriba para abrir tus aplicaciones y ve a la carpeta Google. Toca la aplicación Mapas.

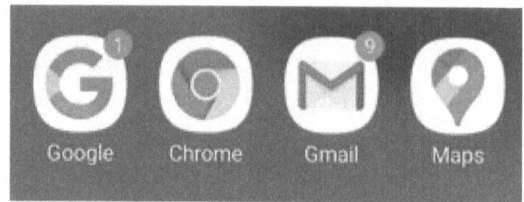

Se establecerá automáticamente en el lugar en el que te encuentres, lo que es a la vez escalofriante y útil.

Para empezar, sólo tienes que escribir adónde quieres ir. Estoy buscando Disneyland, Anaheim.

Automáticamente empieza a rellenar lo que cree que vas a escribir y te indica la distancia. Cuando veas la que quieres, tócala.

Señala la ubicación en el mapa y también te da la opción de llamar, compartir u obtener indicaciones para llegar al lugar. Si quieres alejar o acercar la imagen, solo tienes que usar dos dedos y pellizcar hacia dentro o hacia fuera en la pantalla.

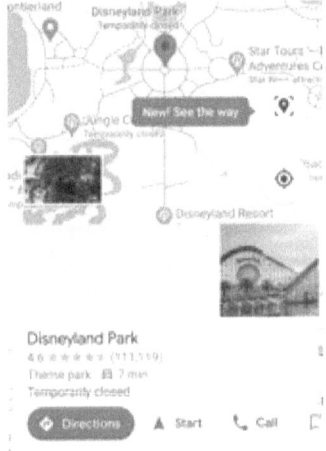

Obtiene automáticamente las indicaciones desde donde te encuentras. ¿Lo quieres desde otro lugar? Sólo tienes que pulsar en el campo "Tu ubicación" y escribir adónde quieres ir. También puedes invertir las direcciones pulsando sobre las flechas dobles. Cuando esté listo, pulse Inicio.

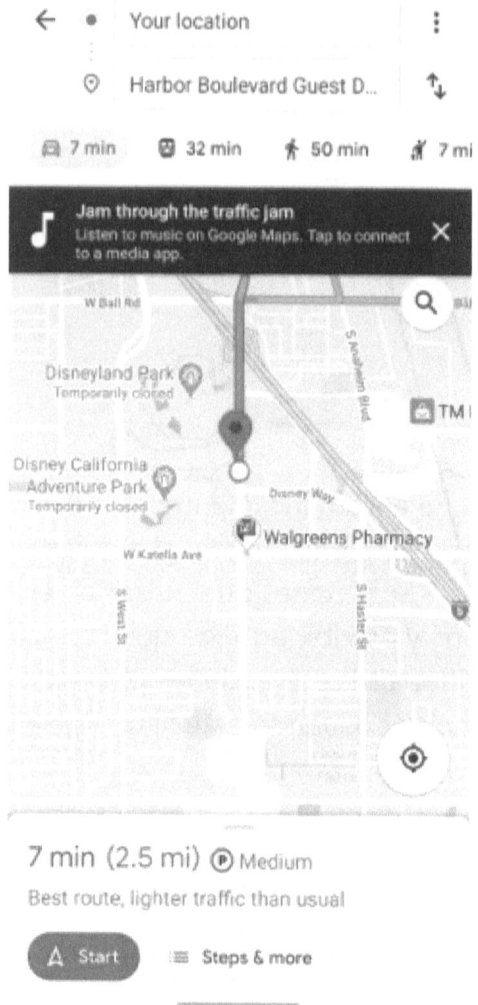

¿Y si no quieres conducir? ¿Y si quieres ir andando? ¿O ir en bici? ¿O coger un taxi? Hay opciones para todo eso y mucho más. Toca el control deslizante situado bajo la barra de direcciones para elegir la que prefieras. Esto actualiza las indicaciones: cuando camines, por ejemplo, te mostrará calles de un solo sentido y también actualizará el tiempo que tardarás.

¿Y si quieres conducir pero eres como yo: te aterran las autopistas en California? Hay una opción para evitar las autopistas. Toca el botón de menú en la esquina superior derecha de la pantalla y selecciona Opciones de ruta (en realidad hay muchas otras cosas aquí, como añadir paradas, compartir indicaciones y compartir tu ubicación).

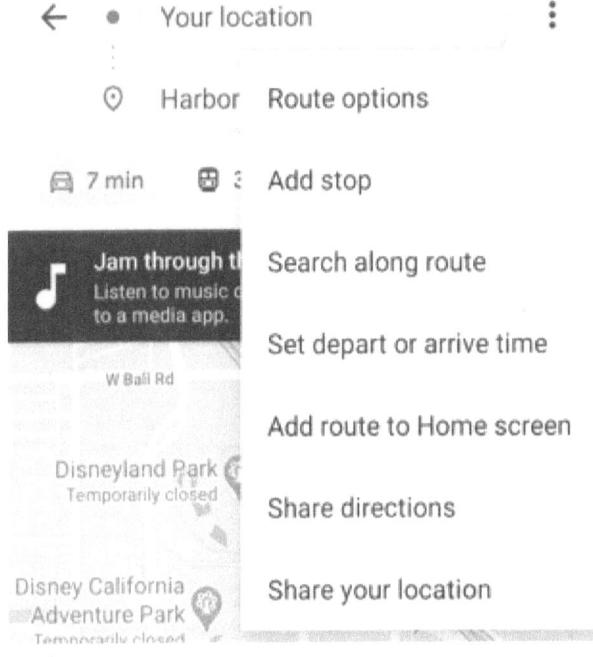

En las opciones de Ruta, seleccione lo que desea evitar y pulse Hecho. Se le redirigirá a una ruta más larga, ¿ha notado que probablemente han cambiado los tiempos?

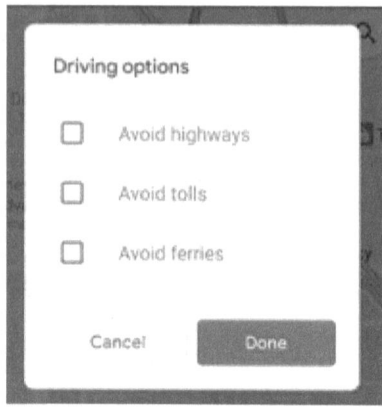

Una vez obtenidas las indicaciones, puedes deslizar el dedo hacia arriba para obtener indicaciones giro a giro.

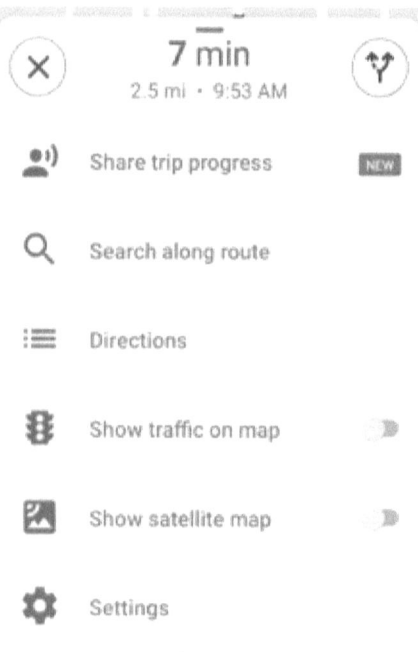

Incluso puedes ver su aspecto desde la calle. Se llama Street View.

Street View no es sólo para las calles. Google está ampliando la función a todas partes. Si mantienes el dedo sobre el mapa, aparecerá una opción para mostrar Street View si está disponible. Solo tienes que tocar la miniatura. Aquí tienes un Street View de Disneyland:

Puedes pasear por todo el parque. Ojalá pudieras montarte también en las atracciones. Puedes acercarte aún más a la acción con los auriculares Dreamview. Cuando metes la tableta en ellos, puedes girar la cabeza y la vista gira contigo.

Street View también está disponible en muchos centros comerciales y otras atracciones turísticas. Apunta con tu mapa al Smithsonian de Washington, DC, y obtén una Street View muy chula.

SUBTÍTULOS EN DIRECTOEN

Una de las grandes características de Android 10 es el subtitulado en directo; el subtitulado en directo puede transcribir cualquier vídeo que grabes y mostrar lo que se está diciendo. Funciona sorprendentemente bien y es bastante preciso.

Para activarlo, vaya a Ajustes > Accesibilidad > Mejoras de audición > Subtítulos en directo.

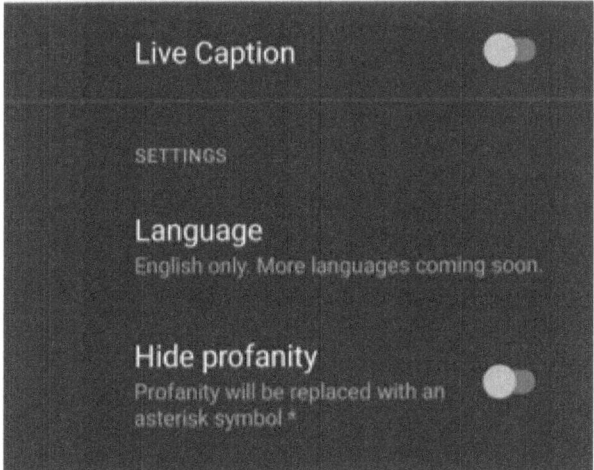

En la configuración, también puedes desactivar las blasfemias y, próximamente, seleccionar otro idioma. Si es algo que sólo usas ocasionalmente, te recomiendo que lo dejes desactivado, pero que lo actives en Subtítulos en directo en el control de volumen. Con esta opción activada, todo lo que tienes que hacer es pulsar el botón de volumen. Una vez que lo hagas, verás la opción para activarlo; es la opción inferior.

Una vez activada, empezarás a ver aparecer una transcripción en cuestión de segundos.

COMPARTIR WI-FI

Cada vez que tienes invitados en casa, casi siempre te preguntan: ¿cuál es tu contraseña del wi-fi? Si eres como yo, probablemente te moleste. Puede que tu contraseña sea muy larga, que no te guste darla o que te dé vergüenza decir que es "Feet$FetishLover1". Sea cual sea la razón, entonces te encantará compartir tu wi-fi con códigos

QR. Atrás quedaron los días en los que había que dar esta información. Sólo tienes que darles un código que escaneen y tendrán acceso sin saber nunca cuál es tu contraseña.

Para utilizarlo, ve a la configuración de Wi-Fi y, a continuación, selecciona las opciones de Wi-Fi y Wi-Fi Direct.

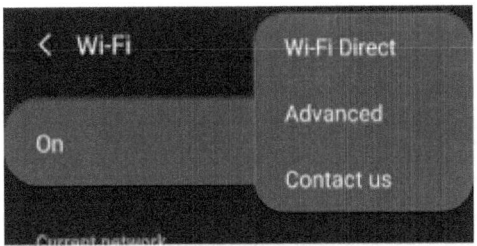

Asegúrate de que ambos dispositivos tienen la Wi-Fi activada y sigue las instrucciones.

MODO SAMSUNG DEX

El modo DeX de Samsung es una de las características más infravaloradas de los modelos de teléfonos y tabletas de gama alta de Samsung. No está disponible en los modelos más baratos (como el Flip4, por desgracia).

¿En qué consiste? DeX son las siglas de Desktop Experience (experiencia de escritorio), lo que debería darte una pista de lo que hace este modo; en pocas palabras: convierte tu móvil o tableta en un auténtico ordenador.

Si alguna vez has utilizado CarPlay o Android Auto en tu coche, puede que tengas una idea de lo que eso significa; conecta tu teléfono o tableta a un monitor y todo se redimensiona para la pantalla más grande; conecta un ratón y un teclado y, de repente, tienes una experiencia real similar a la de un ordenador. La imagen de abajo es el Fold4 en modo DeX.

Si has usado un Chromebook, entonces este modo probablemente te resultará familiar porque muchas características de Chromebook existen en él.

Para usarlo, obviamente necesitas un monitor; Samsung solía dar soporte a una aplicación para MacOS y Windows OS; probablemente aún puedas encontrar una copia de la aplicación, pero al no estar ya soportada por Samsung probablemente experimentes bugs-o no funcione en absoluto.

Mi sugerencia, si quieres utilizar tu teléfono como un ordenador de sobremesa, es invertir en algo llamado monitor lateral o monitor portátil; estos monitores se utilizan normalmente como compañeros delgados de un ordenador portátil; debido a que son pantallas secundarias, la resolución no es tan nítida, pero también puedes conseguirlos a un precio razonable; los minoristas en línea los venden con frecuencia por entre 150 y 200 dólares. Eso sí, asegúrate de que viene con un cable HDMI a USB-C para conectarlo a tu teléfono; también tendrás que asegurarte de que incluye un adaptador de corriente para el propio monitor.

El modo DeX es una interfaz plug and play, lo que significa que en cuanto conectas el monitor al teléfono, todo funciona a la perfección: no tienes que pulsar nada ni iniciar ninguna aplicación.

Para aprovechar al máximo el modo, necesitas un teclado Bluetooth y un ratón. Sin embargo, si quieres ahorrar un poco de dinero, puedes utilizar el propio teléfono como ratón.

Para ello, cuando el teléfono esté conectado al monitor y aparezca el modo DeX en la pantalla, toca el icono del monitor en la parte inferior izquierda del teléfono.

Esto convierte tu teléfono en un gran trackpad. Pulsa dos veces para salir del modo ratón.

Debido a que las nuevas aplicaciones de Android suelen estar diseñadas para soportar tanto un entorno móvil como de escritorio, deberías notar que la mayoría de las aplicaciones aprovecharán al máximo el espacio extra de la pantalla. Por ejemplo, aquí tienes Microsoft Word tal y como aparece en el Fold4.

Conéctalo a un monitor e inicia el modo DeX, y Microsoft Word tendrá este aspecto.

Aquí está PowerPoint en modo DeX.

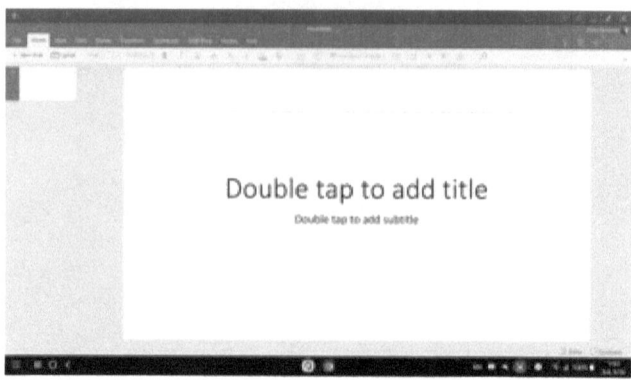

Y aquí está Excel.

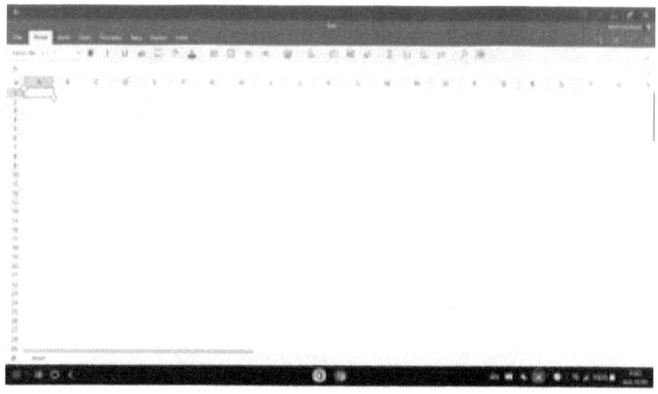

Ese espacio extra en la pantalla está muy bien, ¿verdad?

Usar DeX no es muy diferente de usar tu teléfono. Así que una vez que sepas cómo funciona tu teléfono, no tendrás ningún problema para navegar por DeX.

Modo DeX de Samsung sin monitor

En una tableta, *técnicamente no* necesitas un monitor. Puedes ejecutar el modo DeX directamente en tu tableta. ¿Por qué? Si ejecutas tu tableta sin teclado ni ratón, entonces podría inclinarme a darte la razón; cuando tienes un teclado y un ratón trabajando con tu tableta, la interfaz de usuario que crea DeX es más amigable con ese entorno de teclado y ratón.

Para ejecutar DeX sin un monitor, desliza el dedo hacia abajo y pulsa el icono de DeX.

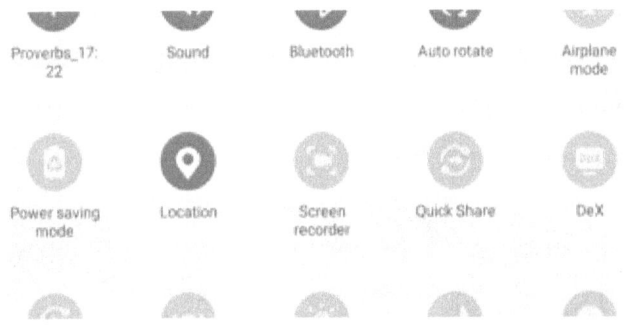

La primera vez, aparecerá una pequeña pantalla de información sobre DeX con una opción para iniciarlo.

Samsung DeX

- Note that the temperature of your device may increase when using Samsung DeX.
- When launching and terminating Samsung DeX, your foreground and background applications will close (with some exceptions).
- If the system configuration is changed in Samsung DeX, some applications may become paid apps depending on their license policies.
- If you change your settings in Samsung DeX, it will be reflected in your mobile device settings, but some configuration changes may not be supported.
- In order to offer optimized applications in Samsung DeX, some information may be updated through the server. This option is only available when connected to Wi-Fi.

Si estás en modo horizontal, tu tableta girará automáticamente al modo horizontal (DeX no funciona en horizontal); verás una pantalla negra con Samsung DeX durante unos segundos mientras se carga.

A partir de aquí, DeX se cargará como lo haría si hubiera un monitor conectado.

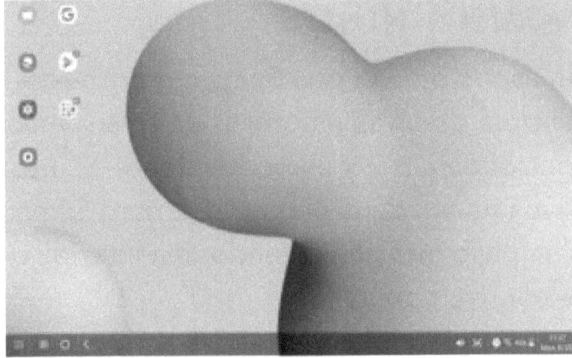

Para salir del modo, toca el indicador de batería que carga todas las opciones disponibles. Por último, toca el indicador azul de estado de DeX para desactivarlo.

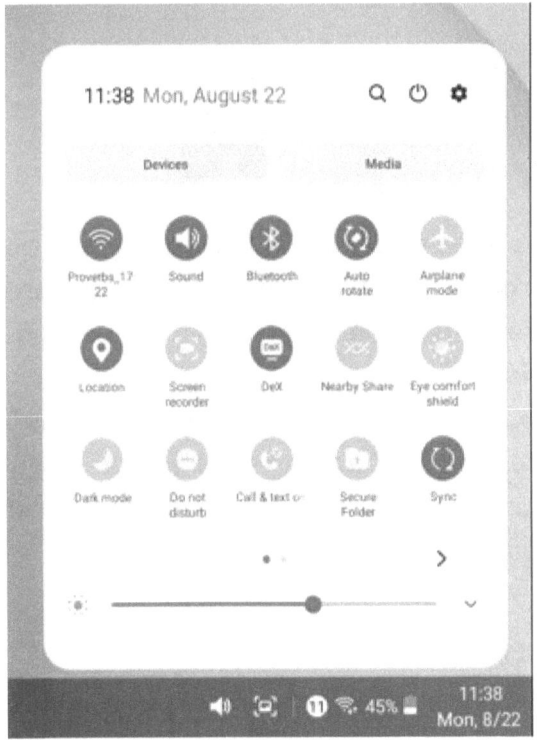

SAMSUNG NIÑOS

Un aspecto en el que Samsung brilla realmente por encima de otras empresas es en sus funciones de control parental y el modo infantil. Sí, otros dispositivos tienen control parental, pero Samsung lo lleva un paso más allá creando una interfaz de usuario exclusiva para niños.

Con el modo infantil, puedes activarlo y desactivarlo rápidamente para esos momentos en los que necesitas distraer a un niño.

Para acceder a ella, desliza el dedo hacia abajo para desplegar la barra de notificaciones y, a continuación, desliza el dedo hacia la derecha una vez. Lo verás en la segunda fila. Tócala.

La primera vez que lo inicies, tendrás que descargar un programa muy pequeño. Tardará unos segundos, dependiendo de la velocidad de tu conexión.

Cuando termine de descargarse, verás la pantalla de bienvenida y se te preguntará si quieres crear un acceso directo en tu escritorio. Pulsa Iniciar cuando estés listo.

Una vez que pulses Siguiente, accederás a la interfaz de usuario principal de Samsung Kids KIDS. Se parece un poco a tu tableta... ¡pero más bonita! Hay un puñado de iconos en la pantalla, pero verás que todos tienen botones de descarga. Eso es porque aún no están instalados. Tienes que pulsar el botón de descarga para cada aplicación que quieras instalar (no más de tres a la vez).

Desliza el dedo hacia la izquierda y verás aplicaciones que no son de Samsung. También tendrás que descargarlas.

Estarás pensando, ¿cómo de seguro puede ser este modo? Hay un navegador en la pantalla de inicio. Tócalo y veamos.

Te darás cuenta enseguida de que esto no es el Internet de tu madre.¡! Los únicos sitios web a los que pueden acceder son los que tú añadas.
¿Quieres añadir uno? Pulsa el botón +Nuevo sitio web.

Te darás cuenta rápidamente de que todas las aplicaciones en este modo están muy despojadas. Incluso la aplicación de la cámara, que es bastante inofensiva, tiene pocas funciones. Hay un obturador, un conmutador para fotos y vídeos, y un botón para efectos.

La tableta es igual. Tu hijo no puede abrir la aplicación y llamar a cualquiera. Sólo puede llamar a los números que tú hayas añadido. ¿Quieres añadir a alguien? Sólo tienes que pulsar el icono +.

Las aplicaciones preinstaladas son todas bastante inofensivas y casi educativas.

Si hay aplicaciones que desea eliminar o instalar, pulse el botón de opción en la esquina superior derecha.

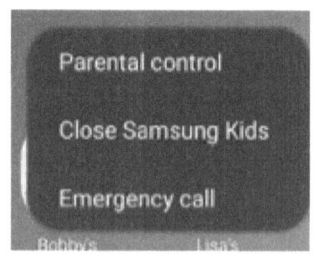

Una vez introducido el pin, tendrás acceso a la configuración. Aquí podrás controlar lo que hace tu hijo y durante cuánto tiempo. También puedes supervisar lo que han estado haciendo. Podrás controlar cuánto tiempo pueden dedicar a algo como los juegos y a algo como la lectura.

¿Hay alguna aplicación preinstalada que no quieres que vea tu hijo? No hay problema. Desplázate un poco hacia abajo y toca la opción Apps.

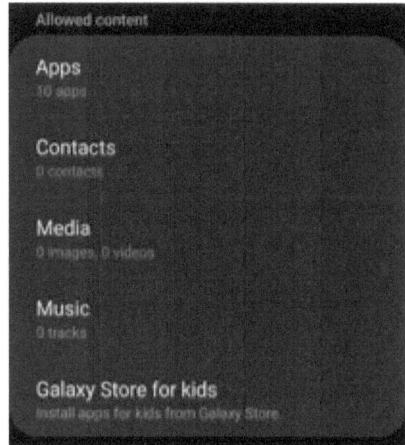

En el botón de opciones, seleccione Eliminar y, a continuación, seleccione la aplicación que desea eliminar.

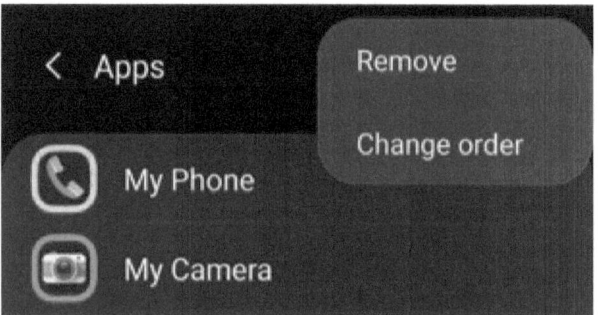

¿Qué pasa con otras aplicaciones? ¿Como las de terceros? Vuelve a esa lista y selecciona Galaxy Store para niños. Eso te llevará a una tienda personalizada para niños. No tendrá juegos para adolescentes o adultos, solo juegos apropiados para niños.

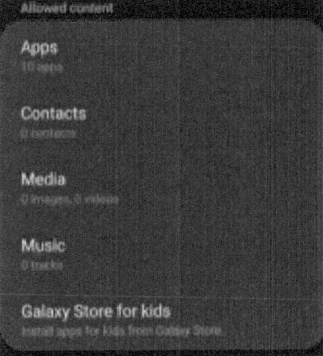

Toca la opción de descarga junto a cualquier aplicación que quieras descargar. Aparecerán al deslizar el dedo hacia la derecha desde la pantalla de inicio para niños.

Todo eso está muy bien, pero ¿qué pasa cuando quieres volver a la edad adulta? ¿Cómo se sale de este modo? Sólo te llevará un segundo. En la pantalla de inicio, toca el icono Atrás. Te pedirá tu código pin. Una vez que lo añadas, volverás al modo normal. Ya está.

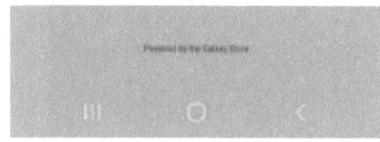

[6]

VAMOS A HACER SURF

Este capítulo tratará:
- Configurar el correo electrónico
- Creación y envío de correo electrónico
- Gestión de varias cuentas
- Navegar por Internet

Cuando se trata de Internethay dos cosas que querrás hacer:
- Enviar correo electrónico
- Navegar por Internet

AÑADIR UNA CUENTA CUENTA

Cuando configures tu tableta, lo harás con tu cuenta de Google, que suele ser tu correo electrónico.

Sin embargo, es posible que desee añadir otra cuenta de correo electrónico o eliminar la que ha configurado.

Para añadir un correo electrónico, desliza el dedo hacia arriba para abrir tus aplicaciones y pulsa en Ajustes..

A continuación, pulse sobre Cuentas.

Desde aquí, selecciona Añadir cuenta; también puedes tocar la cuenta que se ha configurado y tocar Eliminar cuenta; pero recuerda que puedes tener más de una cuenta en tu tableta.

Una vez que añadas tu correo electrónico, se te preguntará qué tipo de correo electrónico es. Sigue los pasos después de seleccionar el tipo de correo electrónico para añadir tu correo electrónico, contraseña y otros campos obligatorios.

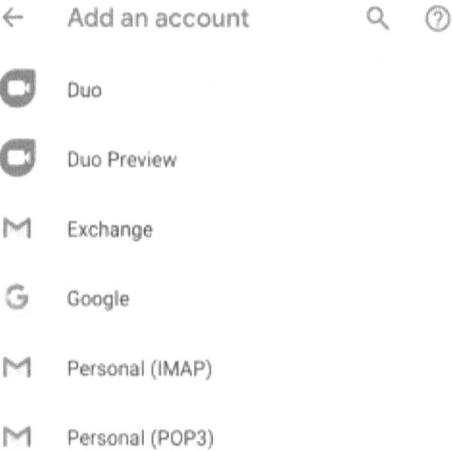

CREAR Y ENVIAR UN CORREO ELECTRÓNICO

Para enviar un correo electrónico con Gmail (la aplicación de correo electrónico nativa de Samsung), desliza el dedo hacia arriba para acceder a tus aplicaciones, pulsa Gmail y pulsa Redactar un nuevo correo electrónico (el pequeño lápiz rojo redondo en la esquina inferior derecha). Cuando hayas terminado, pulsa el botón Enviar.

También puedes utilizar Google Play Store para encontrar otras aplicaciones de correo electrónico (como Outlook).

GESTIONAR VARIAS CUENTAS CORREO ELECTRÓNICO

Si tienes más de una cuenta de Gmail, toca las tres líneas de la parte superior izquierda de la pantalla de correo electrónico; aparecerá un menú deslizante. Si tocas la flechita junto a la dirección de correo electrónico, se desplegará y mostrará otras cuentas. Si no aparece ninguna, puedes añadir una.

NAVEGAR POR INTERNET

Samsung tiene un navegador Internet. Es bastante bueno. ¿Mi consejo? Usa Google Chrome (también en la tableta). El motivo es que cualquier otro lugar en el que utilices el navegador Chrome (como tu ordenador de sobremesa o tu teléfono) se puede sincronizar con la tableta.

Para empezar, pulsa el icono del navegador Chrome de tu barra de favoritos, o entrando en todos los programas.

Si has utilizado Chrome en un ordenador de sobremesa o en cualquier otro dispositivo, este capítulo no te resultará muy complicado, ya que, al igual que ocurre con la aplicación de correo electrónico, muchas de las propiedades que aparecen en el ordenador de sobremesa también existen en la versión móvil.

Cuando lo abras, verás que es un navegador bastante básico. Hay tres cosas principales que querrás notar.

- **Barra de direcciones** - Como puedes suponer, aquí es donde pones la dirección de Internet a la que quieres ir (google.com, por ejemplo). a la que quieres ir (google.com, por ejemplo); lo que debes entender, sin embargo, es que esto no es sólo una barra de direcciones. Es una barra de búsqueda. Puedes usarla para buscar cosas igual que si buscaras algo en Google; cuando pulsas la tecla intro, te lleva a la página de resultados de Google.

- **Botón de pestañas** (el pequeño icono con el signo más junto a cada pestaña): como el espacio es limitado, no puedes ver todas las pestañas como en un navegador normal, sino que tienes un botón que te indica cuántas pestañas tienes abiertas. Si lo pulsas, puedes alternar entre las pestañas o deslizar el dedo sobre una de las páginas para cerrarla.

- **Botón Menú** - El último botón abre un menú con una serie de opciones de las que hablaré a continuación.

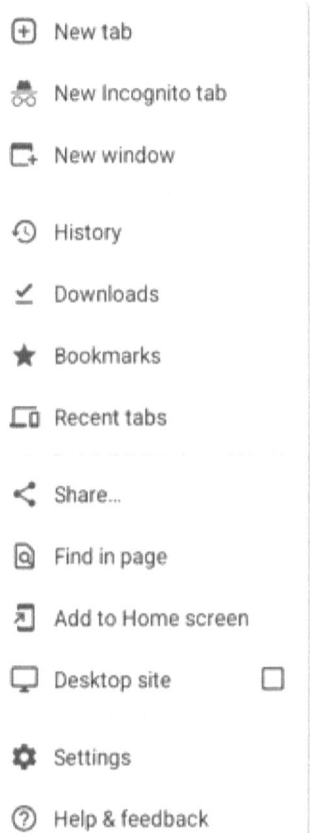

El menú es bastante sencillo, pero hay algunas cosas que merece la pena destacar.

"Nueva pestaña de incógnito" abre tu tableta en navegación privada; eso no significa que no se rastree tu IP. Significa que tu historial no se registra; también significa que las contraseñas y las cookies no se almacenan.

Un poco más abajo está "Historial"; si quieres borrar tu historial para que no quede constancia en tu tableta de por dónde has pasado, ve aquí y borra tu historial de navegación.

Si quieres borrar algo más que sitios web (contraseñas, por ejemplo), ve a Configuración en la parte inferior del menú. Se abrirán opciones más avanzadas.

[7]
¡RÁPIDO!

> Este capítulo tratará:
> - Cómo hacer fotos diferentes
> - Cómo grabar vídeos
> - Cámara ajustes
> - Diferentes funciones de la cámara

La cámara es el pan de cada día de los teléfonos Samsung. ¿La tableta? No tanto. Sí, está ahí; y sí, es una cámara bastante buena. Pero la idea de intentar sostener una tableta grande para hacer una foto es un poco engorrosa para la mayoría de la gente.

Aun así, está bien hacer fotos de vez en cuando cuando estás en un aprieto.

CONCEPTOS BÁSICOS

¿Estás listo para ponerte en la piel de Ansel Adams? Para empezar, abre la aplicación Cámara cámara

Cuando abres la aplicación, se inicia en el modo de cámara básico. La interfaz de usuario puede parecer bastante sencilla, pero no te dejes engañar. Hay un montón de controles.

En la esquina inferior derecha verás un pequeño icono azul. La tableta reconoce automáticamente la configuración en la que te encuentras: noche, exterior, etc. Optimiza las fotos adecuadamente.

Si prefieres no utilizarlo, tócalo una vez y dejará de ser azul. Tócalo de nuevo para activarlo. Es bastante preciso, pero todavía puede haber ocasiones en las que encuentres que está haciendo que tu foto se vea apagada; si eso sucede, intenta desactivarlo.

A la derecha de la pantalla está el obturador (para hacer la foto): púlsalo para hacer un "disparo en ráfaga", que toma varias fotos a la vez, y mantenlo pulsado para cambiar a vídeo. En la parte superior del obturador está el botón para cambiar a la cámara frontal.

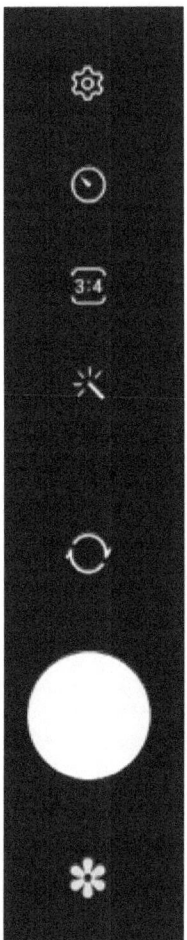

Encima del obturador es donde encontrarás la mayoría de tus ajustes.

De arriba a abajo, está el icono de ajustes. La mayoría de los ajustes son sólo interruptores de palanca y fácil de entender.

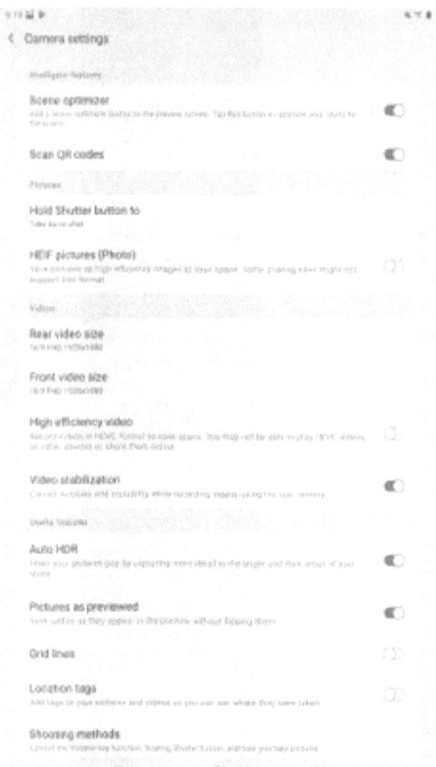

Debajo está el temporizador.

La siguiente opción le permite elegir la ración.

Una nota final sobre las fotos (y esto también se aplica a los vídeos): para hacer zoom, hay que pellizcar hacia dentro y hacia fuera.

También verás un Zoom en la parte izquierda.

CÁMARA MODOS

Hacer fotos es tan de ayer, ¿verdad? Las tabletas están repletas de modos diferentes y, obviamente, Samsung no es ajeno a algunos realmente fantásticos.

Piensa en los modos como si fueran objetivos diferentes. Tienes el objetivo básico de tu cámara, pero también puedes tener un objetivo para ojo de pez y para primeros planos. Si miras en la parte inferior de la aplicación de la cámara, puedes deslizar a izquierda y derecha para acceder a los distintos modos.

Hay tres principales en la aplicación: fotos (que he cubierto más arriba), vídeos y Live Focus (que desenfoca el fondo para darle un aspecto más profesional).

Rápidamente, el modo vídeo tiene características similares al modo foto.

En la parte superior, el menú es prácticamente el mismo que el de la foto.

Sin embargo, debo señalar dos cosas: una, el icono 9:16 iniciará la relación de vídeo.

La segunda cosa que voy a señalar es ese pequeño icono de garabato (el último icono que ves). Esto te permitirá dibujar cosas mientras grabas.

Al igual que en los otros modos, pellizcar hacia dentro y hacia fuera te permitirá acercar y alejar la imagen (*pero* sólo para la cámara trasera, la delantera no tiene zoom).

Si haces clic en la opción Más del control deslizante, verás que en realidad hay varios modos de fotografía más en la tableta. Cuatro modos más para ser exactos.

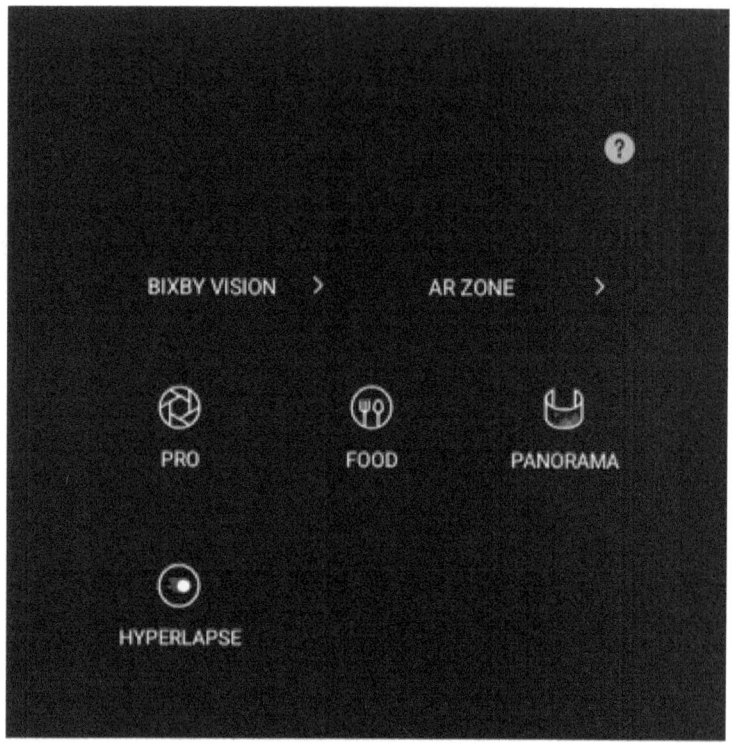

Si pensabas que al modo Foto le faltaban opciones y ajustes, ¡espera a ver el modo Pro!

Puedes ajustar cosas como el ISO, el enfoque automático y mucho más.

Panorama te permite crear una foto panorámica; es ideal para paisajes y paisajes urbanos.

Food cambia los ajustes para ofrecer el enfoque y los efectos más idóneos para hacer fotos de alimentos.

Hyperlapse te permite capturar vídeos a cámara lenta o vídeos time-lapse.

EDICIÓN DE FOTOS S

Una vez tomada la foto, puedes empezar a retocarla para que brille con luz propia. Puedes acceder a la edición abriendo la foto que deseas modificar. Para ello, ábrela desde la aplicación de la cámara haciendo clic en la vista previa de la foto (junto al obturador):

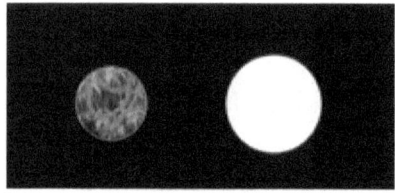

O abriendo la aplicación Fotos.

Más adelante en este capítulo, hablaré un poco más sobre cómo se organizan las fotos y cómo se pueden cambiar las cosas. Por ahora, sólo estamos hablando de editar una foto, así que para el propósito de esta sección, pulse sobre cualquier foto para editarla.

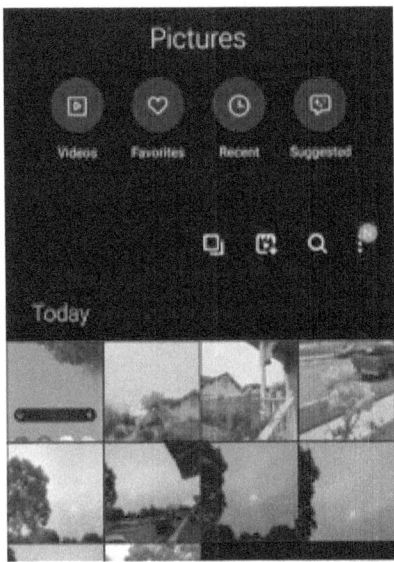

Cuando abras una foto, las opciones que veas variarán en función del tipo de foto que abras.
El siguiente ejemplo es una foto Live Focus.

Como su nombre indica, el fondo se difumina. Aquí también hay una opción: Cambiar efecto de fondo. Esto técnicamente no es editar una foto; cuando editas una foto, entras en una aplicación diferente.

Cuando pulses cambiar el fondo, tendrás cuatro opciones. Con cada opción, puedes cambiar la intensidad del desenfoque con el deslizador.

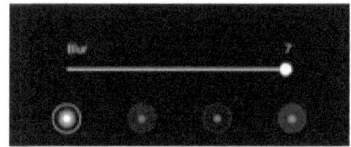

El desenfoque principal se llama simplemente "desenfoque"; el siguiente es un desenfoque giratorio.

El tercero es un desenfoque del zoom.

El último tipo de desenfoque es el punto de color, que hace que el color del objeto y el fondo sean blanco y negro.

Si realiza algún cambio aquí, asegúrese siempre de pulsar Aplicar para guardarlo.

Independientemente del tipo de foto, habrá varias opciones que serán las mismas. Empezando por la parte superior, ese pequeño icono de reproducción mostrará de forma inalámbrica tu foto en otro dispositivo (como un televisor compatible).

Junto al icono de reproducción hay un icono que parece un ojo. Escaneará digitalmente tu foto e intentará identificar de qué foto se trata. En el ejemplo siguiente, encuentra una flor y ofrece un

la foto, el lápiz te permite editarla (más sobre esto en un segundo), los tres puntos te permiten compartirla y la papelera te permite eliminarla.

Toca el icono del lápiz y veamos cómo editar una foto a continuación. Independientemente de la foto, verás las mismas opciones en la parte inferior.

La primera opción es recortar la foto. Para recortar, arrastre las pequeñas esquinas blancas.

A continuación está la opción de filtro. El control deslizante le permite seleccionar el tipo de enlace para ver más. Esta función funciona bastante bien, pero no siempre es perfecta.

Junto al icono del ojo hay un icono de opciones. Esto te permitirá establecer una foto como fondo de pantalla, imprimirla, etc. Si pulsas Detalles, también podrás ver cuándo se tomó la foto, su resolución y las etiquetas que se le hayan asignado.

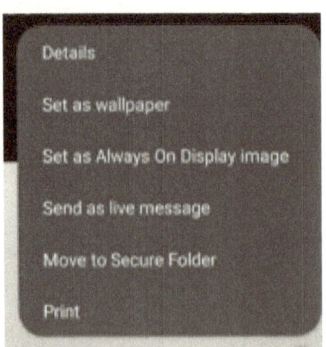

En la parte inferior de cualquier foto hay cuatro opciones adicionales. El icono del corazón favorec

filtro, y debajo hay un control deslizante para ajustar la intensidad del filtro.

Brillo es el siguiente icono. Cada icono aquí ajusta una configuración diferente (como el contraste de la foto).

El icono de la pegatina iniciará Bitmoji (hablaré de ello más adelante en este capítulo), pero lo que hace esto es permitirte poner pegatinas encima de tu foto.

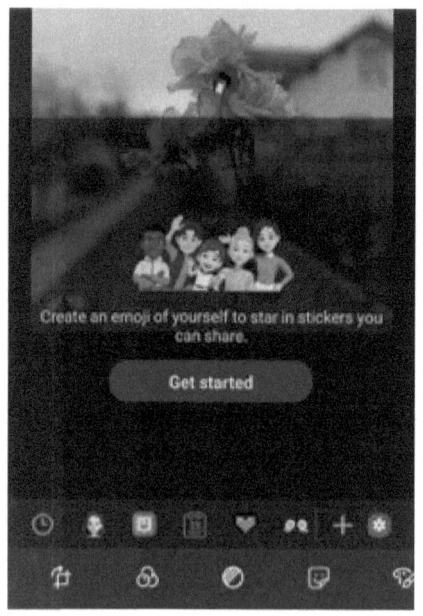

El icono del pincel te permite dibujar sobre la foto.

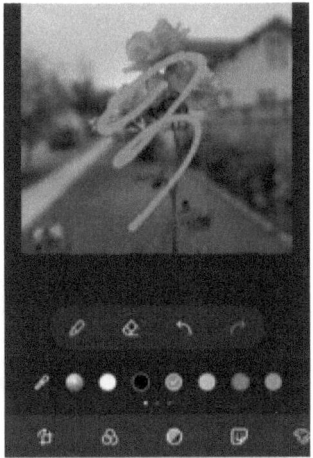

Y el icono de texto te permite escribir encima de tu foto.

Si no quieres dedicar tiempo a editar tu foto y quieres que mejore mágicamente sin esfuerzo, hay una opción en la esquina superior izquierda que lo hará por ti: la recorta, la gira y le añade un filtro. Dependiendo de lo bien que hayas hecho la foto, puede que no veas mucha diferencia.

En la esquina superior derecha hay un menú de opciones con aún más opciones para editar tu foto.

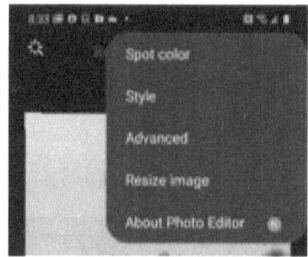

La primera es Color directo. Utilizando los pequeños selectores, puede eliminar un color de la foto para resaltar el sujeto. Para guardar cualquier cambio aquí, asegúrese y pulse la marca de verificación; para cancelar los cambios, pulse la X.

El estilo aplica filtros que dan a la foto un toque más artístico, por ejemplo, si quieres que parezca un cuadro. El control deslizante situado debajo ajustará la intensidad.

La opción avanzada te permitirá hacer correcciones de color.

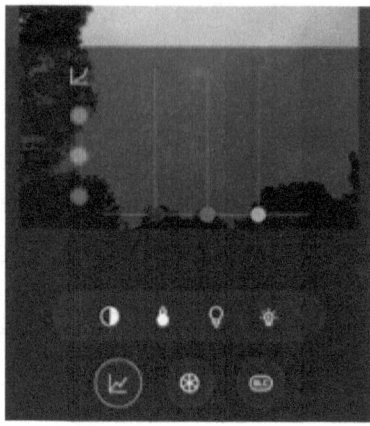

Si tomaste una foto con la máxima resolución y tienes dificultades para compartirla, puedes utilizar la opción Redimensionar imagen para hacerla más pequeña.

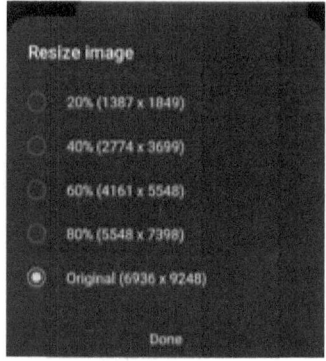

Cuando termine de editar, pulse Guardar.

EDICIÓN DE VÍDEOS

Editar un vídeo comparte muchas características comunes con las fotos, así que asegúrate de leer esa sección primero, ya que no repetiré características ya mencionadas anteriormente.

Para empezar, abra el vídeo que desea editar y, a continuación, pulse para reproducirlo. En la ventana de reproducción, hay un par de cosas que debes tener en cuenta.

Verás que el vídeo tiene las mismas opciones en la parte inferior (suponiendo que no lo hayas reproducido). Para editarlo, sólo tienes que pulsar sobre ese lápiz.

La primera opción que verás es recortar el vídeo. Para recortar sólo tienes que arrastrar hacia dentro o hacia fuera las barras blancas situadas antes y después del clip de vídeo.

A continuación está el filtro de color, que funciona de forma casi idéntica al filtro fotográfico.

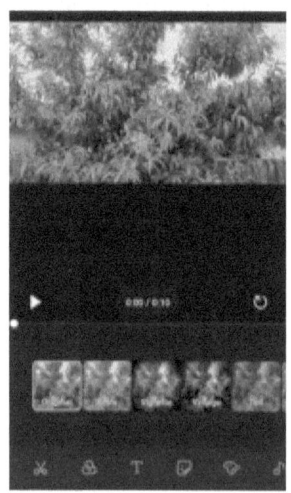

El icono de texto viene a continuación y te permite escribir encima de la foto.

El adhesivo emoji se encuentra después de esto.

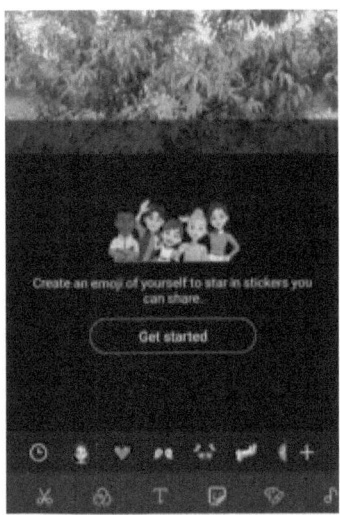

Y el pincel ocupa el penúltimo lugar.

El último icono es para añadir sonido. Puedes añadir música o cualquier otra cosa que desees. También puede utilizar el control deslizante en Vídeo para que el sonido original del vídeo sea más suave (o inexistente). Así, por ejemplo, puedes eliminar todo el sonido de una cena familiar y sustituirlo por música.

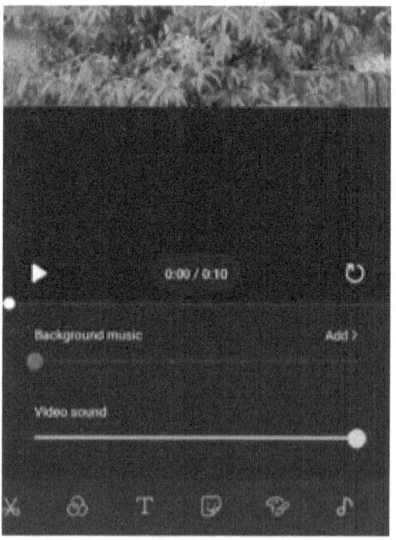

Arriba, hay una opción: resolución. Si has grabado en un formato grande y es demasiado grande, puedes utilizar esta opción para hacerlo más pequeño.

CÓMO ORGANIZAR TUS FOTOS Y VÍDEOS

Lo bueno de las fotos con el móvil es que siempre tienes una cámara lista para capturar acontecimientos memorables; lo malo de las fotos con el móvil es que siempre tienes una cámara lista para capturar acontecimientos, y te darás cuenta de que tienes cientos y cientos de fotos muy rápidamente.

Afortunadamente, Samsung hace que sea muy sencillo organizar tus fotos para que puedas encontrar lo que buscas.

Abramos la aplicación Galería y veamos cómo organizar las cosas.

Galaxy mantiene las cosas bastante simples al tener sólo cuatro opciones en la parte inferior de la pantalla.

Hay cuatro opciones adicionales en la parte superior.

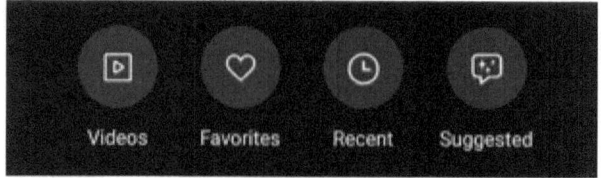

En la esquina superior derecha hay tres puntos, que es el menú de opciones de fotos; ese menú está ahí estés donde estés en la app Galería Galería.

Cuando toques ese menú, te aparecerán varias opciones más. Desde este menú puedes compartir un álbum, crear un GIF / collage / presentación de diapositivas del álbum, o editar las fotos / vídeos que contiene.

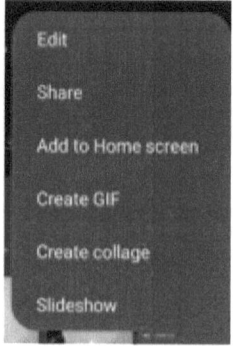

Si hay algo que intentas encontrar, toca en la lupa. Puedes buscar por lo que es (un Live Focus, un vídeo, etc.), puedes buscar por etiquetas, puedes escribir una expresión (fotos felices, por ejemplo).

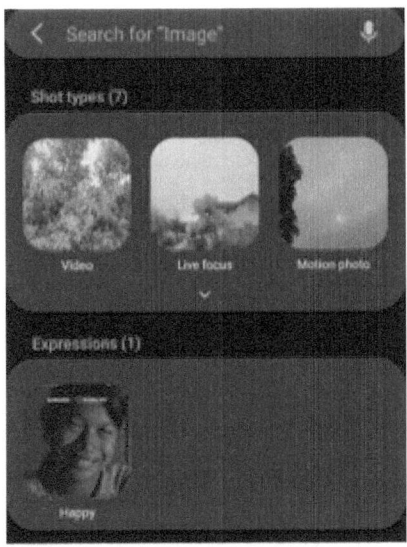

Cuando pulses en Álbumes, verás tus álbumes (Samsung creará algunos automáticamente por ti) y podrás pulsar en opciones para crear uno nuevo.

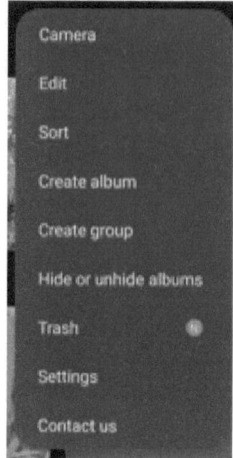

Las Historias te permiten capturar todas las aventuras de tu vida; puedes crear una nueva Historia del mismo modo que creaste un álbum.

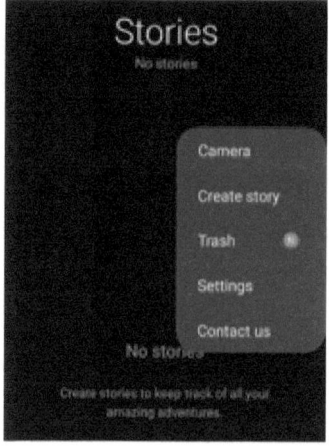

La última opción es compartir tus fotos. Para empezar, pulse el botón rojo

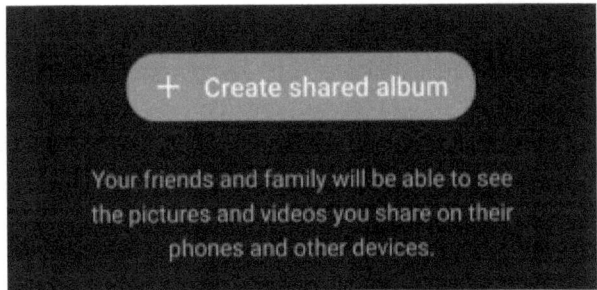

A continuación, escribe el número de la tableta o el ID de Samsung de la persona.

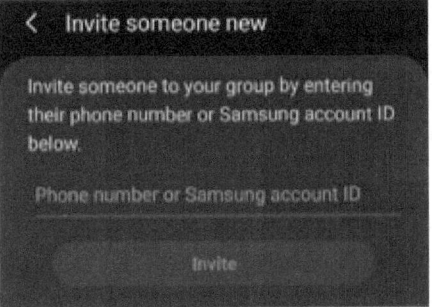

Una vez que tengas tu álbum compartido creado, puedes tocar el icono + para añadirle fotos.

No tienes que añadir todas las fotos a la vez. Puedes ir añadiéndolas a lo largo del tiempo.

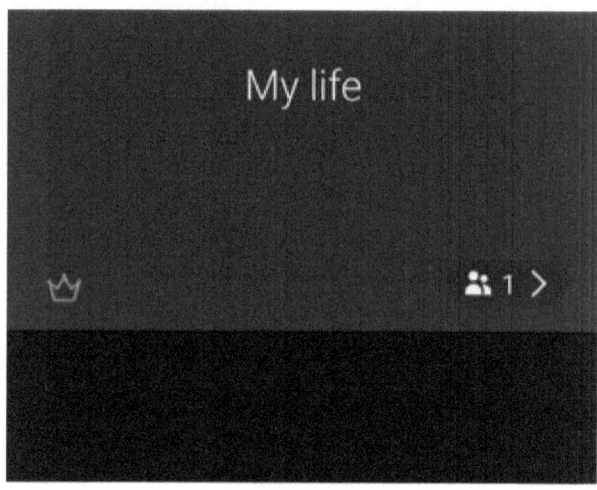

BITMOJI

Bitmoji es el equivalente en Samsung de Memoji en el iPhone; básicamente te permite crear un avatar de ti mismo que puedes usar en fotos y mensajes de texto.

Para empezar, ve a la aplicación Cámara seleccione Más y, por último, pulse Zona AR.

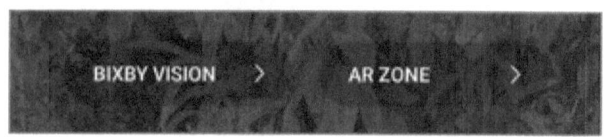

A continuación, toca el AR Emoji Cámara y pulsa la opción

Antes de divertirte, tendrás que hacerte una foto. Asegúrate de estar en una zona con buena iluminación para obtener los mejores resultados.

Una vez tomada la foto, seleccione el icono del sexo. Son los siguientes: hombre adulto, mujer adulta, niño varón, niña mujer. Una vez hecha la selección, tendrás que esperar unos segundos para que analice la foto.

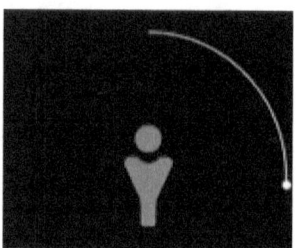

A continuación, puedes empezar a utilizar las opciones para cambiar tu aspecto y la ropa que lleva tu avatar.

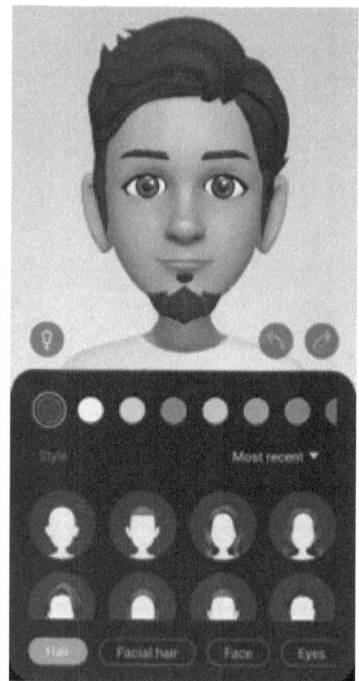

Ahora podrás usar tu AR Camera para hacer fotos con la cabeza de tu avatar sustituyendo las cabezas de otras personas.

[8]
IR MÁS ALLÁ

Este capítulo tratará:
- Configuración del sistema

Si quieres tener el control total de tu Samsung, entonces necesitas saber dónde están los ajustes del sistema y qué se puede y qué no se puede cambiar allí.

Primero, la parte fácil: los ajustes del sistema se encuentran junto al resto de tus aplicaciones. Desliza el dedo hacia arriba y baja hasta "Ajustes."

Se abrirán todos los ajustes disponibles:

- Conexiones
- Sonidos y vibraciones
- Notificaciones
- Mostrar
- Papel pintado
- Pantalla de bloqueo
- Biometría y seguridad
- Privacidad
- Ubicación
- Cuentas y copias de seguridad
- Google
- Funciones avanzadas
- Bienestar digital y control parental
- Cuidado de los dispositivos
- Aplicaciones
- Dirección general
- Accesibilidad
- Actualización del software
- Consejos
- Acerca de la tableta

En este capítulo explicaré qué hace cada ajuste. Hay muchas opciones. ¿Necesitas encontrar algo rápidamente? Utiliza la lupa de la parte superior. Sin embargo, antes de mirar los ajustes, toca el avatar de la persona en la esquina superior derecha. Esto te permitirá añadir información personal.

CONEXIONES

Este ajuste, como la mayoría de los ajustes, hace exactamente lo que parece: gestiona cómo se conectan las cosas a InternetBluetoothy el uso de datos.

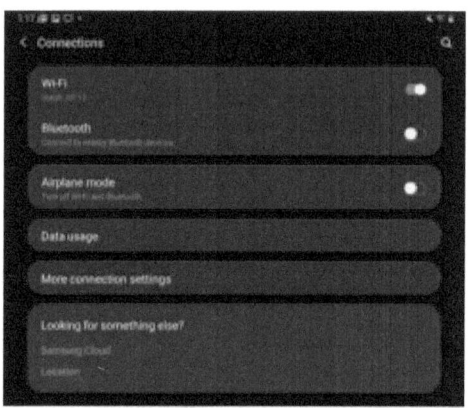

El uso de datos te indica cuántos datos has utilizado; si pulsas sobre él obtendrás una visión más profunda, para que puedas ver exactamente qué aplicaciones han utilizado los datos. ¿Por qué es importante? Para la mayoría, probablemente no lo sea. Pondré un ejemplo de cuando me ayudó a mí: Trabajo mucho sobre la marcha; uso la conexión inalámbrica de mi tableta para conectar mi portátil (lo que se llama tethering); mi MacBook estaba configurado para hacer copias de seguridad en la nube, y yo no sabía que lo estaba haciendo mientras se conectaba a mi tableta... 20 GB más tarde, fui capaz de identificar lo que pasó mirando los datos.

El modo avión es el siguiente. Este ajuste apaga toda la actividad inalámbrica con un interruptor. Así que si estás volando y te dicen que apagues todo lo inalámbrico, puedes hacerlo con un interruptor.

Por último, Más configuraciones de conexión es para hacer algunas conexiones inalámbricas en una red privada. Esto no es algo que un usuario principiante necesitaría hacer, y no voy a cubrirlo, ya que el punto de este libro es mantenerlo ridículamente simple. También puedes configurar la impresión inalámbrica y las alertas de emergencia inalámbricas aquí.

SONIDO S Y VIBRACIÓNS

En el lateral de la tableta hay un botón de volumen, así que ¿para qué quieres abrir un ajuste? Este ajuste te permite ser más específico sobre el volumen.

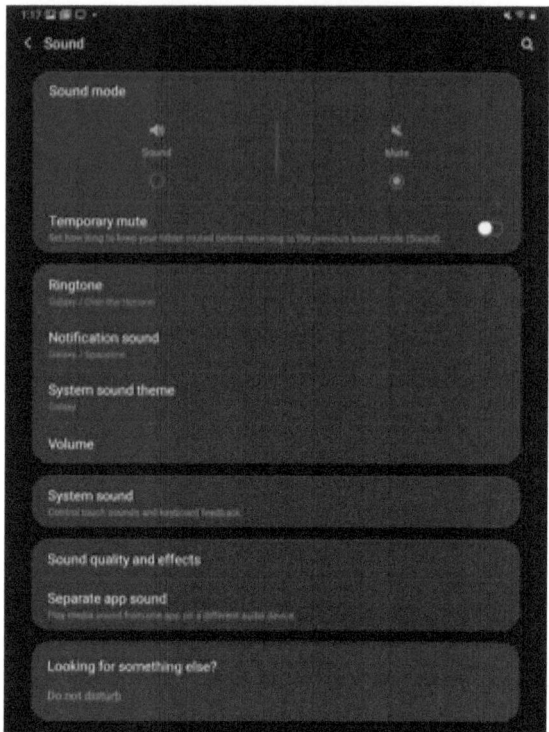

Por ejemplo, puedes querer que tu alarma suene muy alto por la mañana, pero que tu música suene muy bajo.

También puedes utilizar estos ajustes para regular la intensidad de las vibraciones.

NOTIFICACIÓN S

Notificaciones son esas ventanas emergentes que te dan alertas, como nuevos mensajes de texto o correos electrónicos. En la configuración de notificaciones puedes desactivarlas para algunas aplicaciones y dejarlas activadas para otras. También puedes activar el modo No molestar, que silencia todas las notificaciones.

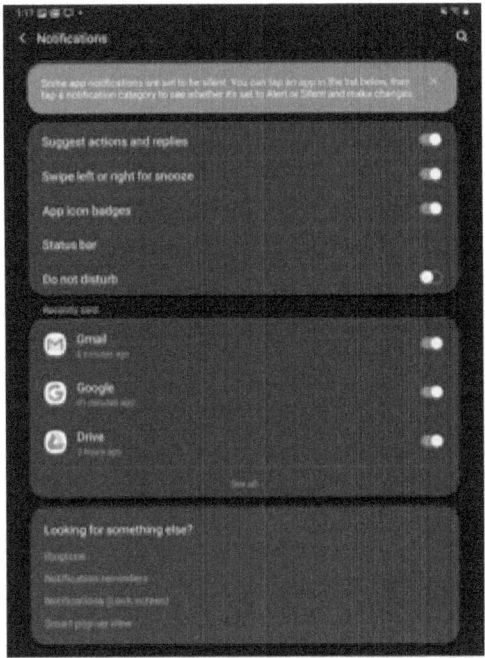

MOSTRAR

Como ocurre con muchos de los ajustes, casi todas las características principales del ajuste Pantalla pueden modificarse fuera de la aplicación (en el desplegable de notificaciones, por ejemplo).

Aquí podrás activar el modo oscuro, ajustar el brillo, activar el brillo adaptativo y activar y desactivar la luz azul.

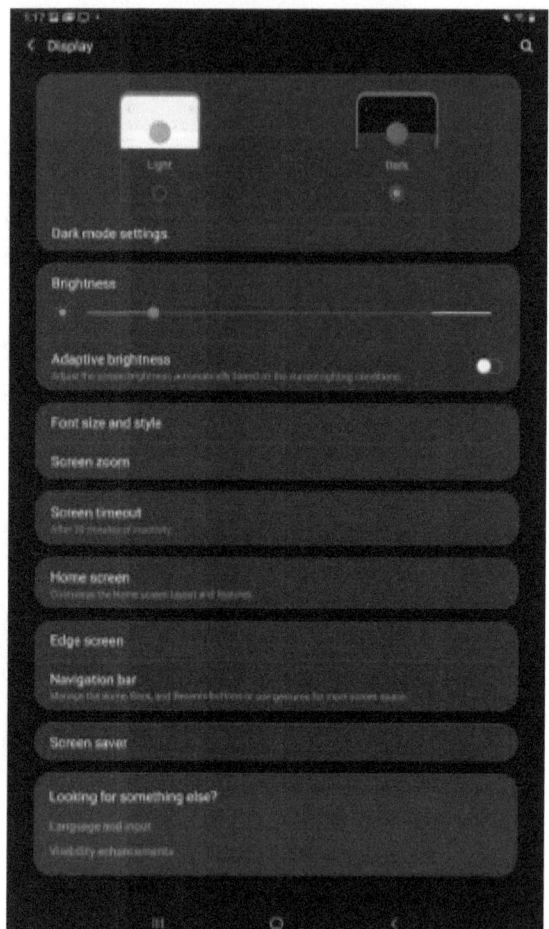

PAPEL PINTADO / TEMAS

He agrupado estos dos ajustes porque ya hemos hablado de cada uno de ellos en la sección sobre cómo cambiar el tema y el fondo de pantalla. No hay ajustes adicionales aquí.

PANTALLA DE BLOQUEO

Cuando tu tableta está en reposo y la levantas: ésa es tu pantalla de bloqueo. Es la pantalla que ves antes de desbloquearla y llegar a tu pantalla de inicio.

Los ajustes aquí cambian lo que se muestra allí; también puedes ajustar tu configuración de bloqueo; si, por ejemplo, tienes un Face ID y quieres cambiarlo por un pin ID.

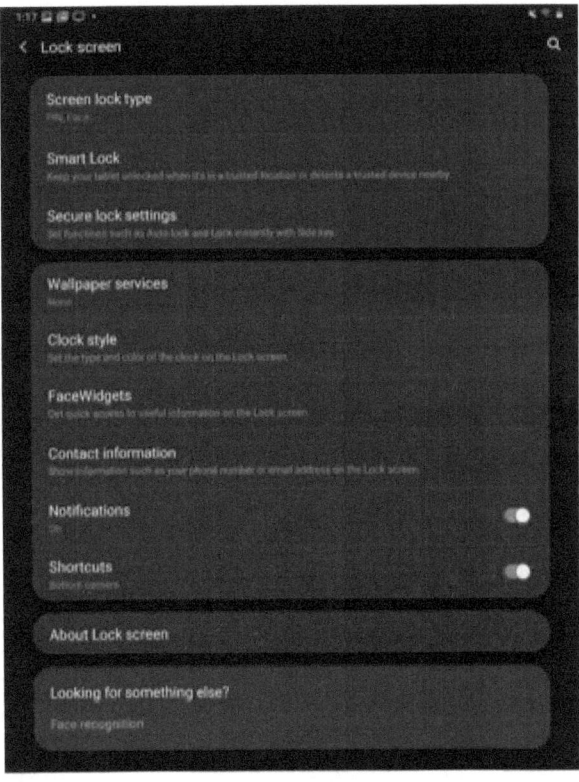

BIOMETRÍA Y SEGURIDAD

Si quieres añadir una huella dactilar o una persona adicional a Face ID, puedes hacerlo en este menú. También puedes actualizar la tuya: si no lo hiciste con las gafas, por ejemplo, ve aquí para rehacerlo. También puedes activar Buscar mi móvil, que te permite rastrear dónde está tu tableta si la has extraviado o te la has dejado olvidada.

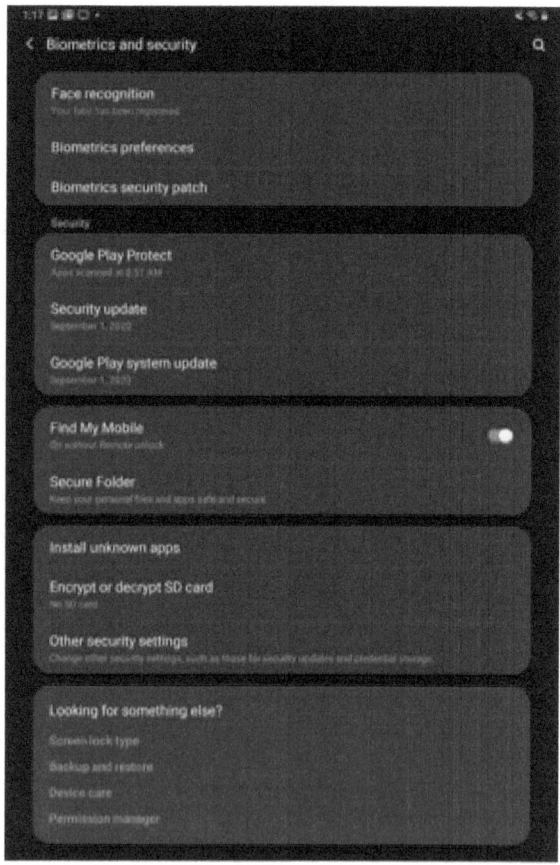

PRIVACIDAD

Como el control (que se explica más adelante), los ajustes de han sido mejorados en Android 10. Es tan grande, que ahora llena una sección entera en la configuración.

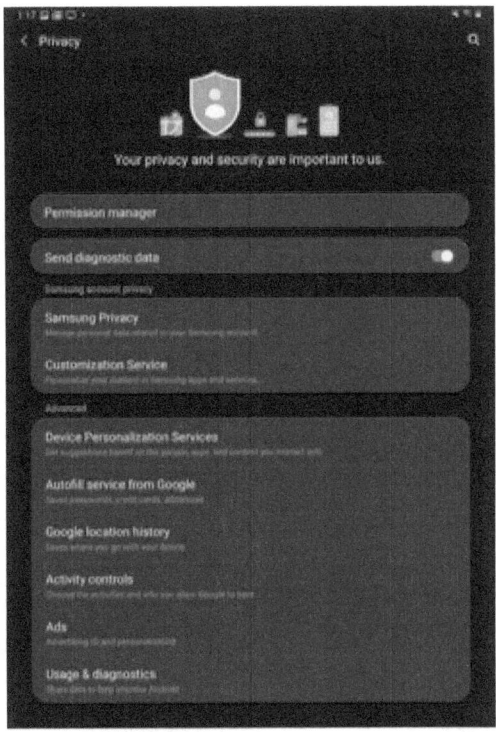

La mayor mejora es la posibilidad de personalizar qué aplicaciones ven qué; ya no es todo o nada. Puedes ajustar exactamente lo mucho o poco que puede ver cada aplicación.

Pulse sobre Permisos como ejemplo de lo que puede controlar.

UBICACIÓN

En el pasado, el control de era una función de todo o nada: decidías si una aplicación podía verte todo el tiempo o nada. Está bien para la privacidad, pero no para cuando necesitas que alguien conozca tu ubicación, como cuando te recoge una aplicación como Lyft. El nuevo sistema operativo Android añade una nueva opción para cuando estés utilizando la aplicación. Así, por ejemplo, una aplicación de viajes sólo puede ver tu ubicación mientras la utilizas; una vez que el viaje ha terminado, ya no pueden ver lo que estás haciendo.

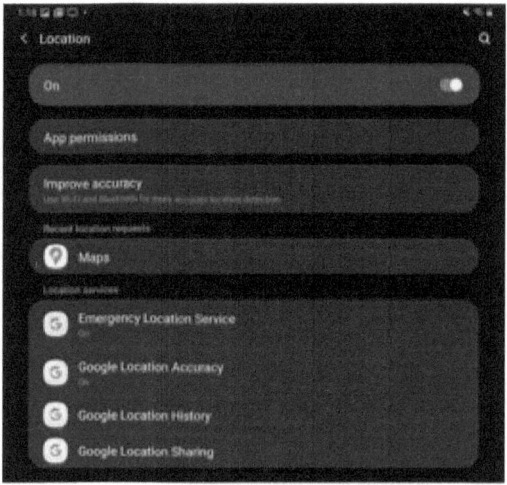

CUENTAS Y COPIAS DE SEGURIDAD

Si tienes más de una cuenta de Google, puedes pulsar sobre ella para añadirla. Si desea eliminar su cuenta actual, pulse sobre ella y pulse Eliminar; recuerde, no obstante, que puede tener más de una cuenta. No la elimines sólo para poder añadir otra.

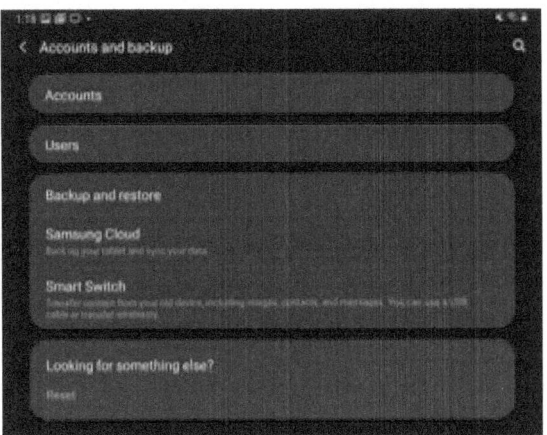

También puedes hacer aquí una copia de seguridad de tu tableta. Es bueno hacerlo una vez al mes más o menos, pero definitivamente quieres hacerlo antes de cambiar a un nuevo dispositivo.

GOOGLE

Google es donde irás para gestionar cualquier dispositivo de Google conectado con tu tableta. Si utilizas un reloj de Google, por ejemplo, o un Chromecast.

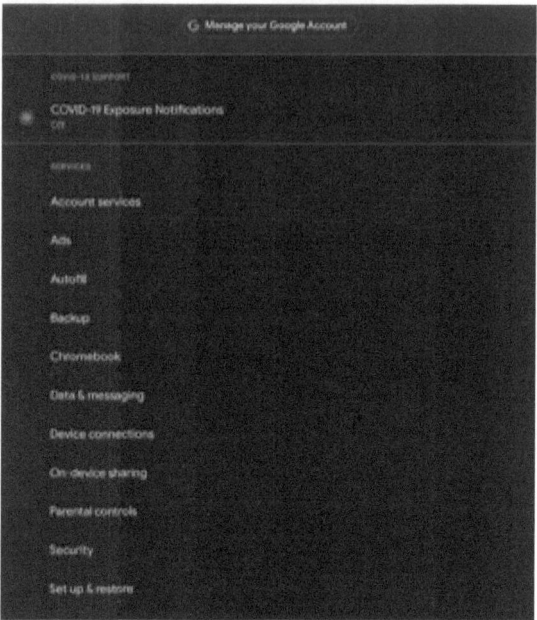

CARACTERÍSTICAS DE ADVANCED

La mayoría de las funciones de Características avanzadas son exactamente lo que parecen: Avanzadas. Son funciones que los usuarios novatos probablemente nunca utilizarán. Cosas como funciones de grabación de capturas de pantalla y reducción de animaciones.

Aquí hay uno importante. Una que recomiendo a todos usar: Llave lateral.

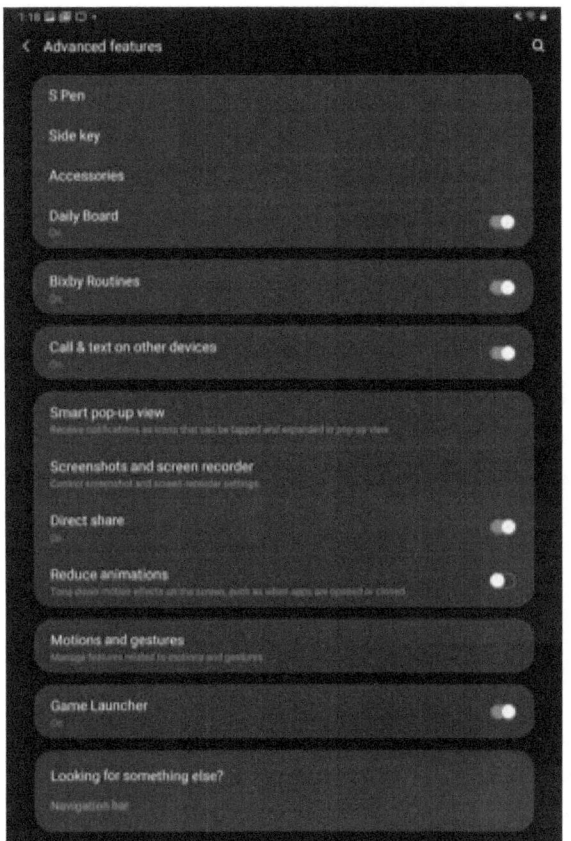

La tecla lateral es ese botón que está debajo del volumen. Ahora mismo, si lo mantienes pulsado, va a Bixby. Bixby no es la función más popular de Samsung. A algunos les gusta y a muchos no. Si desea cambiar ese botón para apagar la tableta en su lugar, a continuación, haga clic en eso.

Cuando pulsas dos veces el botón, se inicia la cámara. También puedes actualizarla.

BIENESTAR DIGITAL Y CONTROL PARENTAL

Bienestar Digital es la función que menos me gusta de la tableta Samsung; ahora, cuando mi mujer me diga: "Pasas demasiado tiempo con la tableta", ¡podrá demostrarlo! El objetivo de este ajuste es ayudarte a gestionar mejor tu tiempo. Te permite saber que pasas 12 horas al día actualizando tus redes sociales con memes de gatos, y "con suerte" te hace sentir que quizás no deberías hacerlo.

Si tienes niños usando tu tableta, aquí es donde también puedes configurar los controles parentales.

CUIDADO DE LOS DISPOSITIVOS

Samsung intenta simplificar el cuidado de tu tableta. Con un solo clic (el azul Optimizar ahora), puedes hacer que escaneen tu tablet y se cerrarán las apps problemáticas.

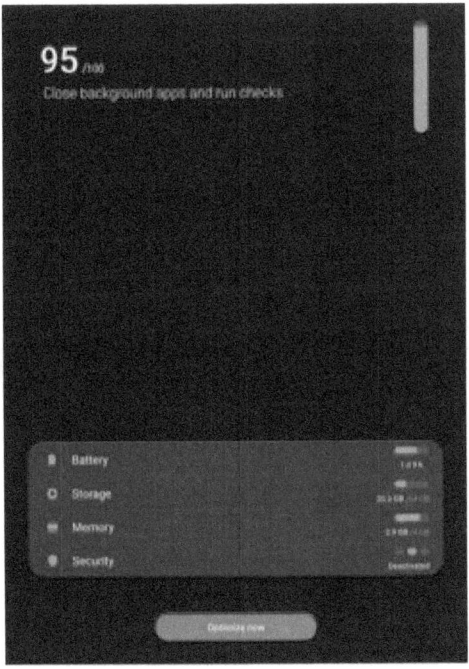

También puedes pulsar sobre cualquiera de las tres secciones: Batería, Almacenamiento y Memoria.

La configuración de la batería es más analítica que modificable. Hay algunos ajustes que puedes editar: por ejemplo, puedes poner la tableta en modo de ahorro de batería. Este ajuste es más útil si la batería se agota demasiado rápido; te ayuda a solucionar los problemas para que puedas sacarle más partido a la tableta.

Cuando adquieras tu tableta por primera vez, el almacenamiento no será un gran problema, pero en cuanto empieces a hacer fotos (que son más grandes de lo que crees) y a instalar aplicaciones, se irá muy rápido.

La configuración del almacenamiento te ayuda a gestionarlo. Te muestra lo que está ocupando espacio, para que puedas decidir si quieres borrar cosas. Toca cualquiera de las subsecciones y sigue las instrucciones para ahorrar espacio.

APLICACIONES

Cada aplicación que descargas tiene diferentes configuraciones y permisos. Una aplicación de mapas, por ejemplo, necesita tu permiso para conocer tu ubicación. Puedes activar y desactivar estos permisos aquí. ¿Realmente importa? Los creadores de aplicaciones no pueden abusar, ¿verdad? Más o menos. He aquí un ejemplo: hace unos meses, una popular aplicación de viajes compartidos saltó a los titulares porque quería saber dónde se encontraban los pasajeros una vez que abandonaban el viaje, para poder promocionar diferentes restaurantes y tiendas y ganar aún más dinero. A muchos les pareció codicioso y una invasión de la intimidad; si eres de estos últimos, puedes entrar aquí y dejar de compartir tu ubicación.

¿Cómo? Pulsa en Avanzado y mira todos los permisos que estás concediendo. Ve al permiso que te preocupa y activa o desactiva la aplicación.

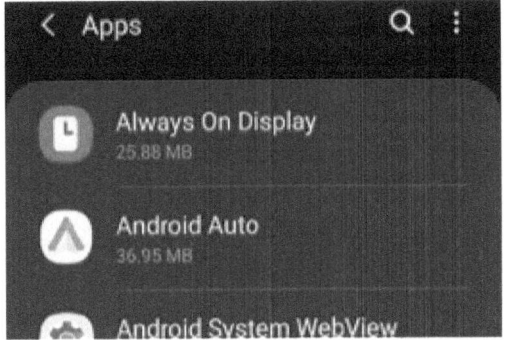

DIRECCIÓN GENERAL

Gestión general es donde usted va a cambiar el idioma y la fecha / hora; lo más importante aquí, sin embargo, es Restablecer. Aquí es donde se puede hacer un restablecimiento completo de fábrica de su tableta.

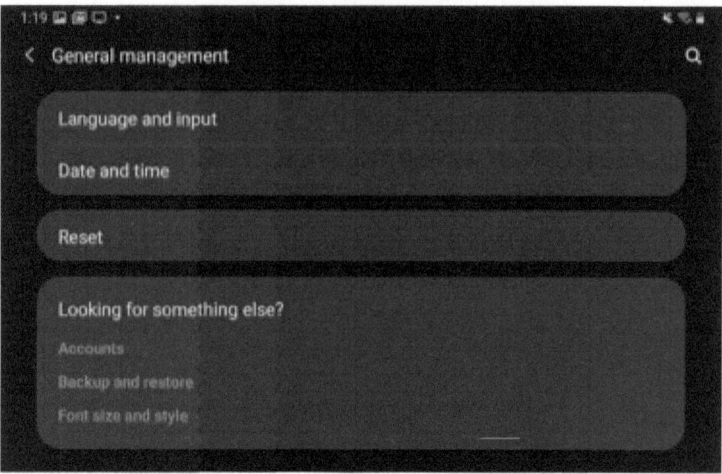

ACCESIBILIDAD

¿Odia las tabletas porque el texto es demasiado pequeño, los colores están mal, no se oye nada? ¿O por alguna otra cosa? Ahí es donde la accesibilidad puede ayudar. Aquí es donde se hacen cambios en el dispositivo para que sea más fácil para los ojos o los oídos.

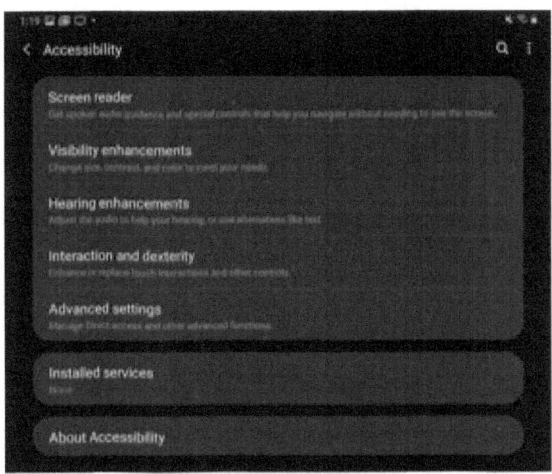

ACTUALIZACIÓN DE SOFTWARE

Aquí encontrarás información general sobre tu tableta, como el sistema operativo que ejecutas, el tipo de tableta que tienes, la dirección IP, etc. Es más bien una información para tu información, pero aquí hay algunos ajustes que puedes cambiar.

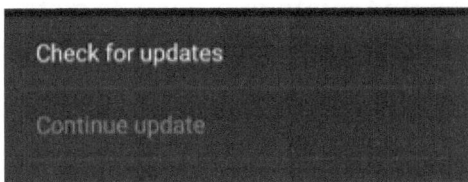

CONSEJOS Y AYUDA

Esto no es realmente un ajuste. Son sólo consejos y apoyo. También puedes hablar con apoyo aquí.

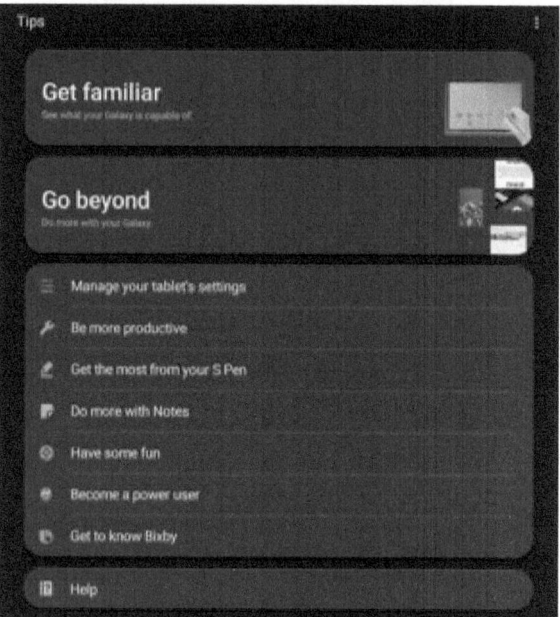

ACERCA DE LA TABLETA

Aquí encontrarás información general sobre tu tableta. Por ejemplo, el sistema operativo que utiliza, el tipo de tableta que tiene, la dirección IP, etc. Es más una información para tu información, pero hay algunos ajustes aquí que puedes cambiar.

ÍNDICE

A

Accesibilidad92....., 155, 172
Añadir pantallas53
Dirección Bar117
Android 1012, 91, 163
Autorotate32

B

Copia de seguridad164
Batería169
Biometría155 ...., 162
Bixby34......................, 167
Bluetooth30., 31, 32, 35, 156

C

Cámara65 ....., 121, 124, 150, 152
Modos de cámara124
Cromo116....................., 117

D

Cuidado de los
.... dispositivos169
Bienestar digital155 ....., 168
Cómo llegar85

E

Borde Bar42
Edición de fotos128
Edición de vídeos141
Correo electrónico114., 115, 116

Emoji77........................, 150

F

Barra de favoritos28., 29, 73
Linterna30

G

Galería51 ...., 65, 145, 146
GIF78......................, 79, 146
Grupos67 ...., 68

H

Ajustes de la pantalla de
...........................inicio54

I

Internet2..., 9, 106, 107, 114, 116, 117, 156

L

Subtítulos en directo91 . , 92
Subtítulos en directo91
Localización32, 81, 155, 163, 164
Pantalla de bloqueo161

M

Hacer llamadas69
Mensajes73
Multitarea39

N

Barra de notificaciones28

Notificaciones 28....., 29, 155, 158

O

Una .... UI 12

P

Panorama 126
Ajustes del .... teléfono 71
Play Store 18 ......, 83, 85, 116
Privacidad 155 ...., 163

R

Eliminar .... App 84

S

Samsung .... Diario 52
Samsung Kids 9 ......, 103, 104

Ajustes 37 ... , 54, 71, 92, 115, 120, 154
Configuración 11 ...., 15
Atajos 47
Actualización de
.... software 172
Sonidos y ...... vibraciones 157
Pantallas .... divididas 56

T

Temas 155 ...., 160

V

Vídeo 82 ...., 141, 144, 145

W

Papel pintado 51 ..., 155, 160
Widgets 29 ...., 47, 48, 51

SOBRE EL AUTOR

Scott La Counte es bibliotecario y escritor. Su primer libro, *Quiet, Please: Dispatches from a Public Librarian* (Da Capo 2008) fue la elección del editor para el Chicago Tribune y un título Discovery para Los Angeles Times; en 2011, publicó el libro YA The N00b Warriors, que se convirtió en un bestseller #1 de Amazon; su libro más reciente es *#OrganicJesus: Finding Your Way to an Unprocessed, GMO-Free Christianity* (Kregel 2016).

Ha escrito docenas de las guías más vendidas sobre productos tecnológicos.

Puede ponerse en contacto con él en ScottDouglas.org.

www.ingramcontent.com/pod-product-compliance
Lightning Source LLC
Chambersburg PA
CBHW031532210526
45464CB00020B/1760